给
青少年的
励志手册

疯狂阅读
CRAZY READING

青春励志馆 ③

成长志

主编 杜志建

慢也好，

步子小也好，

在往前走就好。

汕頭大學出版社

图书在版编目（CIP）数据

疯狂阅读. 青春励志馆 3 成长志 / 杜志建主编.
汕头：汕头大学出版社，2025. 4. -- ISBN 978-7-5658-
5564-1

Ⅰ. G634.333

中国国家版本馆CIP数据核字第2025FX9527号

疯狂阅读

青春励志馆 3 成长志

FENGKUANG YUEDU

QINGCHUN LIZHIGUAN 3 CHENGZHANGZHI

主　　编：杜志建
责任编辑：蔡　瑶
责任技编：黄东生
封面设计：张　羽
封面绘图：张　羽
版面设计：武汉格物文化传媒有限公司
出版发行：汕头大学出版社
　　　　　广东省汕头市大学路 243 号汕头大学校园内　　邮政编码：515063
电　　话：0754-82904613
印　　刷：河南瑞之光印刷股份有限公司
开　　本：787mm×1092mm　　1/16
印　　张：10
字　　数：280 千字
版　　次：2025 年 4 月第 1 版
印　　次：2025 年 4 月第 1 次印刷
定　　价：25.80 元
ISBN 978-7-5658-5564-1

声明

　　基于对知识和创作的尊重，本书向所选文章、图片的作者给予补贴。因条件所限未能及时联系的作者，我们在此深表歉意，当您看到本书时，请与我们联系，以便我们向您支付补贴和赠送样书。因篇幅有限，部分文章有删节，敬请谅解。

　　联系方式：0371-68698015

目录

CONTENTS

长长的路，
我们慢慢走

1

我要闪闪发光的人生

世界很喧嚣，做自己就好

长长的路，我们慢慢走

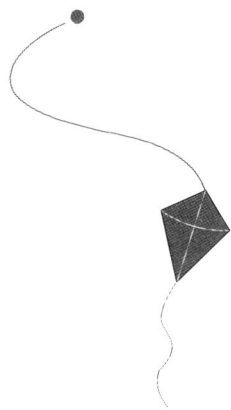

告别少年的岛

❀ 叶 梓

我刚上初中的时候，爸妈之间出了问题。他们每天都争吵，离婚大战一触即发。他们不想让我牵扯其中，便将我送到位于海岛的外婆家，美其名曰让我安心学习。

初到海岛时，对它的印象是破落而荒凉。果然，我翻看地图，找了好久才看到一个芝麻大的黑点，孤独地躺在海面上。这里通往大陆唯一的方法是乘船。我泄气地躺在床上，任泪水肆意地流下，像被迫离开大陆的鲁滨逊，就让我在这座小岛上自生自灭吧。

正值夏天，岛上的阳光很强烈，直射在头顶，恨不得把人钉在地上。汗水顺着头发流下，偶尔有咸咸的海风吹过，闷热的空气卷带着潮气一起翻腾着，青春也随之变得黏稠而悠长，与之而来的是化解不开的忧愁与困惑。

我胡乱地翻看《少年维特之烦恼》，我的烦恼又有谁知道呢？长大后还会有这些烦恼吗？读那么多书真的有用吗？我的身上起了很多疙瘩，痒痒的，被我抓出一道道血印，像极了青春的拧巴劲儿，又痛又难受。

身为岛外人，又不合群，我难免被他人孤立，刚一入校便与人发生了冲突。一开始总是被人打，后来愤然反击，因为不肯认输又倔强，我很快成了全年级最能打的"不良少年"。为此，外婆背地里不知流了多少泪，却不知如何开解我，她感到无奈又无助。

广播里三令五申，要求男生留平头，而我眼前的刘海盖住了半张脸，班主任的话我只当耳旁风。没有人知道，我留长发只为挡住眼睛，不让人看到我的胆怯与委屈。

我独自坐在教室的角落，遇到喜欢的课就听两三句，碰到不喜欢的就看杂书或睡大觉。地理课上，老师讲着各种岛屿的形成，珊瑚岛、火山岛、冲积岛……我出神地想着，幻想自己也是一座小岛，一座少年的岛，孤单、游离、沉默。在这表象下，没有人知道有颗脆弱的心正注视着那片离开很久的大陆，渴望被关注、被温暖。

蜗牛在窗台上慢慢地挪动，我伸手挡住它的去路，它迅速地钻进壳。真羡慕它，虽然行走缓慢，却可以走遍天下，还有可以遮风避雨的家。

不知过了多久，这种浑浑噩噩的日子在一个清晨被打破了。

讲台上，一个梳着马尾辫的女生落落大方地介绍自己："我叫冉美，很高兴认

当我挥手告别少年的岛时，
很怀念，也很感激。

识大家。"她因爸爸工作调动而转学来到这里，说希望可以和大家成为朋友。朋友？我嘴角上扬，不屑地想：鬼才需要朋友。班主任环视四周，唯有我的身旁还有个空座。她干脆地跑过来坐下，对我灿烂地一笑，说："你好，以后多多关照。"

冉美很快和班里的同学打成一片，原本冷清的角落变得热闹起来。每天清晨，她都来得很早，把我们俩的桌椅擦得干干净净。呵，真是一个讲究的女生！这样的女生应该是娇气的，碰不得的。

可是奇怪，冉美竟然不怕我，还不时和我说话。有一天，她边看科幻杂志边问我："你说，真有外星人吗？"我不想回答。她叽里呱啦地说了许多，最后冲我大喊："为什么不说话？你是石头吗？"

天边滚雷响过，要下雨了。冉美下意识地捂着耳朵靠近我。她说："我从小就害怕打雷，要是在家，我能钻到被子里去。"我不禁笑出了声："你要是蜗牛就好了，随身带着保护壳。""原来你会开玩笑啊！"她的眼睛亮亮的，像发现了新大陆。我耸耸肩，站起来把窗户关上，她再靠近我时，我没有闪开——我也可以是被人需要的吧。

第二天，她带来一颗石头，对我说："这是我爸在地质勘测时捡到的陨石，送给你。它是天上的流星穿越大气层，没有燃烧完坠落而成的。想不到吧，石头也有闪亮的时刻。"此时，我已知道她是个单亲家庭的孩子，她的妈妈很早就离开了，她便跟着爸爸辗转各地。我不禁问她："你不怕我吗？"她狡黠一笑："不怕。那天我看你在读王尔德的书，一个喜欢童话的人，内心一定是柔软的。"

我的心一震，常年孤寂的小岛，似有春风掠过。

黄昏的时候，冉美喜欢沿着长长的海堤跑步，跑得开心时干脆光着脚。她跑起来的样子，像只展翅的鸟儿，自由，恣意。有些不良少年会在冉美跑步时起哄，不时搭讪、吹口哨，喊她"野丫头"。我默不作声地跟上去，那些人很快一哄而散。冉美对我说："谢谢。"我假装不在意地说："下次多带些书给我看吧。"

冉美也喜欢看书，她说是书陪伴她度过了孤单的日子，她也相信自己要找的答案书里都会有。我一边翻看她带来的书，一边听老师讲课，听着听着，感觉有些课还是很有趣的。

台风即将过境，大人们都在忙着让渔

船归港，加固堤防，我们则迎来了最欢快的暑假。冉美雀跃地发出邀请："要不要看电影？我家有好多光盘。"大家欢呼前往。

那天，七八个小脑袋挤在电视机前看《海上钢琴师》，伴随着钢琴主题曲响起，每个人都流下了眼泪。主人公一生都待在大海上，没有走下那艘船，他被船困住，犹如被囚禁在孤岛。我不由得闷闷地说："我也被困住了，被困在了这座小岛上。"

"可是，总有一天你会离开这座岛。每个人都不是一座孤岛，一个人必须是这世界上最坚固的岛屿，然后才能成为大陆的一部分。"冉美说出的话竟如此深奥。看到我崇拜的目光，她连忙摆手："不是我说的，是一个作家说的。我想是因为我们还没有长大，所以还只是一座座小小的、不被关注的岛屿。"

我不再孤单，有了冉美和几个志同道合的朋友。在冉美的带动下，我们一起跑步。是的，我爱上了跑步。跑起来时，迎面吹来的风吹走了酷热，清凉中年少的迷茫似乎少了很多。冉美迎着风大声说："有挣扎才有力量，有奔跑才会迎风而扬。总有一天，我们都会变得强大有力。"

我们跑过码头，跑过灯塔，站在山顶向着远方喊："等着我！"海浪拍打着礁石，声音传得很远，在大陆那边总会有人听到吧。

渐渐地，我变了。我尽可能让衣服保持整洁，翻开崭新的书本试着与习题为伴。我干脆剃了光头。老师问："你又搞什么花样？"我认真回答："为了更好地跑步和看书。"全班同学都在笑，唯有冉美冲我竖起大拇指："你要蜕变了。"

外婆笑容多了，夸我懂事了。爸妈再打来电话时，告诉我他们已经和好。我开始理解，成人的世界有成人的规则，而我能做的是守着自己的小岛奔跑下去。

之后的一天，冉美的座位突然空了，她随着爸爸再次转学离开。冉美像一只候鸟，挥挥翅膀飞走了，没有告别，毫无眷恋。

天边的滚雷响过一阵，又是台风的前奏。我奔跑着，雨水、汗水、泪水交织在一起，流到嘴里咸而苦涩。青春的告别来得措手不及，这便是成长的一部分吧。我的心像颗燃烧的流星，想要撕开雨雾，冲出台风，脱离这座小岛。

在海岛的时间过得很快，不过两三个夏天，我的个头儿高了好多，每日的奔跑也让我的小腿肌肉变得紧致有力。面对挑衅时，我不再动武，而是选择快速跑开。这样既避免了麻烦，也保护了自己。因为跑得快，我被体育老师选中，代表学校去参加田径比赛。先是在区、市获得名次，后来又在全省比赛中拿了奖。我再次成了学校的名人。

我升高中的那年，小妹出生，外婆因病离去。曾经寂寞的海岛通了大桥，四面八方的人群与车流涌来，海岛变得喧嚣热闹。我去市高中报到时，执意坐着摆渡船离开。随着海浪高低摇摆，我不禁泪流满面。终于，我告别海岛重回大陆，而在岛上的日日夜夜都是青春难忘的回忆。是少年的岛教会了我面对青春的困惑时要不畏孤独、奋力抗争，是少年的岛让我懂得了友情与力量。当我挥手告别少年的岛时，很怀念，也很感激。

高二那年，我是我们班唯一一个报名运动会女子3000米的人，名单一出，原本在班里默默无闻的我立刻吸引来无数惊诧的目光，甚至有女生跨越了几个座位探头问我："以前都不知道你那么厉害！"

我笑笑，心里却直发虚，脑海中飘过无数混乱的场景，我猜，我在报名表上写下名字时的决心，不亚于一个普通人签下购房合同吧？虽然不知道未来的自己是否有能力圆满完成这场比赛，但即使知道前方道阻且长，也想拼一拼。而我最想干的事，就是找到自己的优势与特点。

每每看着周围的同学，我都忍不住心生羡慕，为什么他们除了成绩优异，还无比清楚自己想要的和擅长的？而我成绩普通，连分班后的自我介绍都不知该说些什么。谁不想在十几岁时，做点儿往后几十年都能得意扬扬跟别人提起的事？

那一股气涌上来，正赶上体育委员为难地挨个问大家谁愿意参加长跑，我立刻就答应了。

虽然运动会有个不成文的规则，参加此类长跑的人就算坚持不下去也不会丢脸，同学们依旧会为你加油助威，在下场时送来饮料。但我的倔强告诉我，这条路一

✿ 樊 宁

去挑战、去坚持，把自己折磨得疲惫不堪甚至遍体鳞伤，也并不一定真的能得到什么，但这样的过程，却让人体验了一把从未体验过的人生，体验过就不会怕了。

操场那些圈，是战场也是人生

旦开始，不到终点不罢休。

当然我也不全是因为气性，两年前为了中考体育加试，我每天都会跑上几千米。从那时我就发觉，虽然我的爆发力极弱，但我的耐力在全班数一数二，中考的 800 米我甚至跑了满分。

带着这一丁点成就的鼓励，我开始了短暂的训练。高中课业繁忙，自然没法花费太多功夫去训练，训练计划一再被各种考试打断，最后只能偶尔放学后一路跑着回家。

所以当运动会开始，我站在跑道上时，才算是我第一次真正地去跑 3000 米。

我清楚地记得，因为长跑是在运动会的第二天，那时看台上的同学稀稀拉拉，我带着对自己的巨大期待深呼吸了一口。枪声一响，我还没反应过来，大家就如离弦的箭般冲了出去。

原谅我只能想到这样俗气的比喻，因为那一刻我一下乱了阵脚，跟着狂跑了一段，很快就没了力气，想着还剩下整整 7 圈，犹豫地调整了自己的呼吸，慢慢跑起来。看着自己和别人的差距越拉越大，心里越来越冷。

接着是漫长而机械地迈步和摇摆手臂，像极了无数个学习的日夜，有些累，又有些枯燥，但我告诉自己必须马不停蹄地继续下去。两圈、三圈，跑至一半时，已经有三名同学下场了。我的嗓子发干，脚步有些零乱，但此刻，我和大家的距离已经慢慢拉近了。

我有点儿欣慰，却连高兴的力气都没有，日光在头上晃得我烦躁。到了第六圈，人变得越来越少，15 名参赛选手，有近一半人都放弃了，我咬着牙对自己说："跑完它。"

彼时看台明明近在咫尺，同学们的加油声却像是在变远，模糊而隐约，我也不想回头去数自己的名次，那一瞬间我的脑袋很沉，意识却已变得清晰：我要跑完这程。

下场虽然轻松，但会前功尽弃，留在场上总归能激发自己的潜能，我想着这些话以分散自己的注意力，到了最后半圈，我竟然觉得身上又有了力量。

那场运动会，我在最后一刻超越了两个人，拿下了长跑第八名，却也被同学们簇拥着夸奖了很久："你太厉害了，还能拿到名次，我根本不可能跑下来。"我笑了，忽而发觉，去挑战、去坚持，把自己折磨得疲惫不堪甚至遍体鳞伤，也并不一定真的能得到什么，但这样的过程，却让人体验了一把从未体验过的人生，体验过就不会怕了。

未来的生活中，一定有漫长的枯燥，一定有人中途退场，也一定会有疲惫到让自己恨不得放声大哭的时刻，但只要内心坚定自己可以走下去，就可以。或许完成了也不会收获奖牌和鲜花，但会得到最重要的东西——自己给予自己的信任和陪伴。

往后我不再惧怕生活的艰难险阻，一想起那场运动会难挨的 3000 米，我就知道：我可以战胜它。

青春被虚荣烫了一个洞

❀花小鸭

虚荣渐长

高二第一学期的期末考试，我的成绩竟然从中下游成功逆袭到了班级的第一名。为此，班主任特地给我妈杨丽琴女士打了电话，说我是个可塑之才，如果坚持下去，高考时可能会成为一匹"黑马"。

我妈在电话这边假模假样地谦虚着。电话挂断的那一瞬间，她径直跑出家门，以最快的速度召集了左邻右舍，随后，即使隔着厚重的房门，我都能听见她那夸张的嗓音："今天晚上，我不和你们搓麻将了啊，我家孩子这次期末考了个全校第一，她班主任特地给我打来电话说我家孩子聪明，高考一定能考上清华。晚上我得给她做点好吃的。"

我坐在房间的沙发上，很想冲出去纠正她：我只是考了全班第一，不是全校第一；班主任并没有说我一定能考上清华；还有，我的成绩能有所提升是因为我努力，半夜你打完麻将回来倒头就睡的时候，我还在台灯下默默苦读。

但最后，我什么也没做，只是暗自叹了口气。

在那一刻，那些曾经被我隐藏于黑暗之中的默默努力和拼搏过的日子都见到了光。

新闻女王

第二天一到学校，我的座位旁边就围上来很多人，大家问我是不是之前保留了实力。旁边的同学摇晃着我的胳膊，问我这段时间晚上都是几点睡的，我定了定神，故作轻松地说："晚自习结束以后回家就睡了啊。"同学们纷纷对我竖起大拇指，说我天赋异禀。

我好像突然之间能明白我妈在邻居之间故意夸大事实的那种心理了。众人赞赏、钦佩和羡慕的目光就像是一片片软绵绵的云，能把人托到云端去。说到底，我和我妈其实是一种人。

那天是周一，学校举行升旗仪式，我因为肚子痛向班主任请了假，从厕所回到班级时，我站在教室门外听见了自己的名字。

"没看出来林子一竟然考了个全班第一，最近班主任都对她和蔼了不少。"说话声静默了几秒，随后我听见另一个男生放低了声音说："不过，你说是不是学霸都长得一言难尽啊，应该不会有人喜欢她那个样子的。"

后面的对话我没有继续听了，我放轻脚步，转身重新走回了厕所，心里像是被什么堵住似的，莫名地难受。直到升旗仪式结束，我才从厕所里出来，尾随着回班级的人群走回教室。

回到座位以后，我的心跳得很快。我微低着头，目光却紧盯着门口。同桌大喇叭般和旁边的同学说着隔壁班的班花又收到了几封情书。同桌坐回座位，我假装从书包里掏书，手却故意带出了一封信。信掉在了地上，同桌低头去捡，我几乎能听见自己的心跳。下一秒，同桌已经站起了身："天啊，这是姚旭写给你的吗？"

我假装有点恼怒地从同桌姜思瑶手中抢回了那封带有署名的信，却故意对她的话不予回复。紧接着，全班同学的目光都被姜思瑶吸引了过来，她两只手像是扩音喇叭一样放在嘴边："天啊，隔壁班的班草竟然给林子一写情书了，大新闻啊！"

我的脸十分合时宜地红起来，所有人都以为我是害羞了，只有我自己知道，我是因为心虚和紧张才红了脸，血液此刻在我的身体里像是被烧沸了般。

姚旭是隔壁班的班草，品学兼优，给他送情书和礼物的人层出不穷。如今，这样一个风云人物给我写了情书，很难不让人对我另眼相看。

因为连着两件大新闻都发生在我身上，一时间我在班级的关注度高了不少。我很满意这种现状，感觉像是在一片黑暗中，独独有聚光灯打在自己身上一样。

情书风波

直到班主任来叫我去办公室。

到了办公室，我一眼就看见了站在角落里低着头的姚旭。班主任把我领过去，随后和姚旭的班主任对视了一下，姚旭便被带出了门。

我从来没想过这件事会传到班主任耳中。我心慌地咽了下口水，缓缓低下头，没说话。班主任和蔼地说："是这样的，姚旭的班主任听说他给你写了情书，想对他进行一番开导，但是姚旭怎么都不承认这件事情，所以老师把你叫来问一下。不过你不用害怕，这件事情你是没有什么过错的，你只需要告诉老师实话，姚旭是不是给你写了情书？"

要实话实说吗？那样的话我的谎言不就被拆穿了？可是如果不说的话，姚旭可能就要被冤枉了。班主任见我没说话，以为我是想替姚旭打掩护，失望地挥了挥手："你先回去好好想想。"

我低着头弓着身子走了出来。在办公室外面，我又看到了姚旭和他的班主任，只不过一秒的视线交错，我就看见了姚旭的目光中充满了轻松和感激，那样子好像是在说"幸好有你替我做证"。

姚旭写给我的确实是一封信，但不是什么情书。上学期期末考，我的语文考了全年级第一名，作文被印成范文分发到全年级同学的手中。姚旭看到我的范文中有一个句子很眼熟，但是在网上又没有找到原句，问我是不是化用了哪个句子，所以才有了那封信。

姚旭应该不知道，我利用了他的好学满足了自己的虚荣心，到最后连一句实话都不肯替他说。这样的我，连我自己都觉得无比厌恶。

正视自我

后来，我向老师递交了那封姚旭写给我的被误以为是情书的信，也在同学们的一次玩笑话中否定了那是一封情书，同学

们看向我的目光开始变得如常，我虽心有失落，却也不打算再去补救什么。我开始全身心投入学习中，阳光打在课桌上，沿着书本翻动的痕迹跳跃着，日子就这样继续平静地度过。

那一年，我18岁，正式成为高考大军中微不足道的一名预备考生。班会课上，我因为学习成绩的进步，被班主任叫到讲台上分享学习方法。

从座位旁走到讲台上，我挺胸抬头，每一步都走得无比坚定。

在班主任和同学们赞赏的目光中，我说出了我曾经熬夜到凌晨刷题的日子，说出了我曾经一边吃饭一边背单词的生活，说出了我每次月假都依旧不休息的状态，最后我说："我从来不是一个天赋异禀的人，我只是，一直在努力。"

台下掌声雷动，同学们有没有原谅我之前说过的谎我不知道，我只知道，在那一刻，那些曾经被我隐藏于黑暗之中的默默努力和拼搏过的日子都见到了光，阳光之下的它们静静地散发着光彩，照耀着我一次又一次向上攀爬的成绩。

那一年，我的学习愈加紧张起来，我妈不再整夜出去打麻将，她会在我挑灯苦读时轻手轻脚地为我温上一杯牛奶。和邻居聊天时，她也不似从前那般说话毫无分寸了，或许是害怕给我增添压力，更多时候，她只是默默坐在一边倾听。

18岁，我从时光的洪流中成长过来，一切好像并没有太糟糕。

18岁那年，我孤身闯世界

❀ 巫小诗

高考结束的那个暑假，我刚成年不久，骨子里迫切想要做一些事情证明自己已是大人。于是，我有了人生的第一份兼职，经历了状况百出又充满能量的一天。

我在一家小旅行社当助理导游。我所在的县城太小，没有直接全程的导游服务，需要助理导游把游客护送到旅行的城市再交接给当地的旅行社。

前两次的跟团工作，过程都非常顺利，数数人头、收发证件、看看风景、侃侃大山，好不清闲自在，我一度觉得自己的第一份工作太顺利了，简直是开门红。可在我第三次跟团的时候，发生了旅行社创办以来最大的事故。

那一天，我带领一行19人的旅游团赴西安，这是我第一次带出省的长途旅游团。我需要带领全团游客先坐汽车去武汉，再坐火车去西安。我们只需要准点到达火车站，从一个龚姓先生手中拿我们全团的火车票即可。

可没想到，非节假日的高速公路，那一天堵得厉害，时间原本计算得很宽裕，可眼看着就完全没有赶上火车的可能了。在得知误点时，乘客们开始牢骚满腹，原本亲切的叔叔阿姨开始围着我喋喋不休：

"你们旅行社是干什么吃的？""我们不去了！双倍退钱！"甚至有人爆了粗口。

我慌乱了，这种情况还是第一次遇到，没有人告诉我接下来应该怎么做，甚至没有一个人把我当小孩，哪怕一点体谅我都感受不到。

我问司机师傅应该怎么做，他尴尬地说，他只负责开车。我的泪水在眼眶打转，强撑住没有流下来。我拼命让自己冷静，想着怎样将损失降到最低来安抚大家的情绪和弥补旅行社的损失。

虽然注定赶不上火车，但火车那时还没有开。我打电话给已在车站等候的龚先生，让他问一下能否改签别的班次，改签不了就只能退票，不然火车开出后损失会更大。可是，暑期车票紧俏，改签已是不可能的事情。滞留武汉？不，一群人的住宿将是一笔巨大的支出。原路返回？当然更不行，旅行社将面临投诉以及经营不诚信等问题，会因为这事砸了招牌。无路可退了，当晚必须走，退了火车票，想别的法子。

旅客们的情绪依然很激动，我鼓起勇气，擅自做主，以旅行社的名义掏钱请大家吃晚饭以表歉意。大巴开到高速公路边一家不错的餐厅，旅客们进去用餐的时候，

18岁那天，是我法定上的成年，而这一天，是我心智上的成年。

我开始疯狂地打电话。我决定当晚让游客坐汽车走，联系了几家客运公司，要么没有合适规格的车，要么价钱太贵。终于，一连串的电话打下来，联系到一辆中型长途客运巴士，价钱也在承受范围之内，能连夜将旅客送至西安，并且还是卧铺，不会让旅客感到劳累。

但是，这辆巴士只有19个位置，而旅行团加上我一共有20人，高速严格限制不许超载。我决定自己不去了。我通过旅行社联系到了一名西安当地的导游，让她在车站接应他们。谢天谢地，一切妥当了，我绷紧的神经瞬间松弛下来，整个人简直要瘫软在地上。

送旅客们上车时，一位阿姨问我："姑娘，你真的刚刚高中毕业吗？"

"是啊。"

"我的女儿跟你差不多大，她如果碰到今天这样的情况，绝对会吓傻的，你干得好呀！"

"谢谢！"我笑了笑。

车开远了，我还在原地愣着。

送游客来的那辆大巴，晚饭前就走了。当时已经是晚上十点，没有回家的车了，要在武汉滞留一晚吗？掏了两桌饭钱，我身上的钱所剩不多了，住酒店就买不起车票，而我也不想独自在这儿住一晚。我放眼看了看，我站的地方似乎离高速路口不远，我决定去路口搭车。

我一路走过去，找到了我家乡的车牌号。我太累了，不想把很长的故事复述一遍，我大声朝驾驶座上的师傅说："我通宵跟您说话，防止您瞌睡，您让我搭车回家好不好？"很幸运，他爽快地答应了，挥手示意我上车，这一切顺利得跟电影情节一样。然后，我拖着疲惫的身子，跟一位不相识的货车师傅唠了半宿的嗑，从他小孩的成绩，聊到了国家大事。凌晨两点，在服务区休息时，他还请我吃了碗泡面，那面汤夹杂着泪水，有点咸。

我是凌晨五点到家的，几乎同一时间，旅客们抵达西安，我如释重负，瘫倒在床上，一觉睡到傍晚。回想着前一天发生的一幕幕，我感到不可思议。我居然独自摆平了那么大的烂摊子，我简直要被自己感动了。

人在一生当中，应该体验一次健康而又不无难耐的绝对孤独，从而发现只能依赖绝对孤身一人的自己，进而知晓自身潜在的真实能量。这句话，放在那天的我身上，该是多么贴切。18岁那天，是我法定上的成年，而这一天，是我心智上的成年。

没人知道我的生长痛

❀ 糖包子

我不知道女孩子们的爱美意识在哪个阶段觉醒。

似乎是在我的初中时期，老师开始反复强调内在美这个概念。

但随着大家的二次发育，现实状况多多少少还是与这种理念相悖。细胞生物学层面的"女大十八变"，有着势不可挡的劲头，又伴着青春期的隐秘与惊喜。

可对于我来说，这似乎并不是什么好事。

从小我就拥有一头引人注目的自来卷。妈妈说我是遗传了爸爸。然而上天跟我玩了个黑色幽默——爸爸在我很小的时候就已经秃成了"地中海"，剩下的头发全靠每天早上用啫喱水打理。

我觉得，我们还是很不一样，因为我是"发量王者"。

初三时，中考让我感到了前所未有的压力，我开始陷入脱发怪圈。其实也不是什么怪圈，毕竟身边好多女生也说洗头的时候会掉好多头发。

这应该算得上是女孩子们共同的烦恼。普遍的就是正常的，因此我没有把脱发问题放在心上。

对于人生中的第一次大考，我非常想交一份漂亮的答卷。

这不仅仅是为了成为"别人家的孩子""大人们眼里的骄傲"，更重要的是与自己的较量。我以掉了不知道多少头发为代价，完成了一次惊艳众人的逆袭。

然而高中生活更加苦，苦到我曾因为试卷做不完而掉过"金豆子"。

唉，现在想起来也是好丢脸，毕竟从来都没有因为作业哭过鼻子。大概是意料之外、情理之中，我的发量也有了一个欧·亨利式的结尾。

也就是在这个时候，我终于后知后觉地发现，尽管女孩子们都在抱怨掉发，可是只有我裸露的头皮越来越多。

我开始让家人带我去医院。小城镇里不太讲究专病专治，而这个年纪的我也不知道小小的社区医院里其实并没有专业的未来终于由我自己掌舵了。无论对错，都是我自己选的。

检测设备。所以我最后只得到了一个并不算诊断结果的结果——高考成绩这么好，那一定是读书太辛苦了！多补补，吃点核桃和黑芝麻！

我有些无措与焦虑，但是家人似乎并不懂。我勉强保持乐观地逼迫自己"食补"，然后在那个或许是人生中最漫长的暑假结束时，发现付出并没有得到回报。

当我提出去大医院就医时，妈妈拒绝了，她说我的掉发肯定是遗传，治不好的。

我并不相信妈妈，于是决定自救。

在大学里有了相对独立的人民币使用权后，我穿梭在各个医院与理发店，科学用药与民间偏方双管齐下，最后发现——原来，拥有一头和其他女生一样茂密的头发，是这么难的一件事；原来，我的头发真的遗传了我的爸爸。

几乎所有理发店的"托尼老师"都劝我剪一头利落的短发，这是他们能想到的掩盖发量少的最好方式。他们还说，无数例子表明，短发女孩也可以乖巧可爱。

是的，每个女孩都有自己独一无二的可爱，但短发并不适合所有女生呀。

当我顶着一头短发，穿着小裙，兴高采烈地去公园游玩时，一个跟我差不多年龄的男生跟我说："阿姨，能帮忙拍个照吗？"我没有否认"阿姨"这个称呼，但这两个字精准地击中了我，令我难堪。

后来，我再也没有剪过短发，甚至带着报复性消费的意味买了各式各样的发箍——温暖的黄色、低调的黑色、炫酷的民族风……

不太熟悉的朋友常常佩服我的用心，在她们的眼中，我的生活就像是在玩一场真人版的换装小游戏。

事实上，我只是用发箍来遮掩我稀疏又恐怖的头顶，真相与她们的所见所想完全相悖。这大概也是我第一次亲身经历"所见非所得"。

可是，这样的日子似乎也没过太久。

当我进入实验室一年依然没有拿到很好的实验数据时，我的导师反问了我一句：

"你都知道每天戴发箍把自己打扮得漂漂亮亮，为什么就不能把实验做得漂漂亮亮？"

在那一刻，我的心中出现了很多念头。我想说，爱迪生研究灯丝也经历了上千次的失败，不过心里最想说的还是，戴发箍不是为了漂亮，我只是病了啊！

在某种意义上，发箍在遮掩我病态的生理状况时，也在治愈我心理上的暗伤。

这么想或许也不全面，因为佩戴发箍确实让我看上去体面了，缓解了我部分隐秘的、不可言说的容貌焦虑。所以我没法开口辩解，更何况我从小就清楚大人们的论调——努力好学的学生是不会花很多心思打扮自己的。尽管，戴发箍的时间只需要几秒，比扎马尾更省时间。

大人们自以为是的世界再次显现。

之所以说是再次，是因为当回顾这段影响我一生的脱发史时，我发现脱发并非完全不可避免，至少在早期是可以用药物维稳的。

遗憾的是，无论是我的家人，还是为我看诊的医生，都没有将它当成病。他们似乎都有着自己主观的判断，任由它一天天成为我生命中最为沉重的"生长痛"。

也许会有小伙伴问，脱发不是只遗传男性吗？当你问出这个问题的时候，我可真羡慕你的幸运，因为你的女性长辈和你自己都没有陷入这种糟糕境地。

也许还会有小伙伴说，我家谁谁谁的头发大片大片地掉，但是治好了！那我也可以告诉你，脱发也分好多种，看上去最严重、最恐怖的斑秃反而是最好治的。而雄性激素紊乱导致的脱发才像是钝刀割肉，看似不严重，其实无药可治。不然，英国王室也不至于一秃好几代啦！

按照常规操作，在故事的结尾，我应该安排一个"幸福的结局"。

真是对不起，无论是生理上的病，还是心理上的病，我都还在寻找疗愈方法的路上。

有时候我也分不清，发箍究竟是我的药，还是另一种层面的病。虽然理不清，但这并不妨碍我用它来调节每一天的心情。

好在此时此刻，我自己也已经成长为一个大人了。这个过程并不轻松，但未来终于由我自己掌舵了。无论对错，都是我自己选的，就像那些堆积如山的发箍，它们见证了我的生长痛，帮我自欺欺人地疗愈心上的暗伤。

我看着你
爱上她

✿ 午夜旅馆

高中时期我暗恋过一个男生，后来我闺密和我暗恋的男神谈了恋爱。

我的暗恋无疾而终。

在青春流淌而去的整个过程中，除了在我日记中留下过痕迹，便再也没有人发觉过这个女生隐秘而小心翼翼的暗恋。

我和男神开始交流是从做同桌开始的。

没错，很多青春爱情故事的开头都是因为成为同桌。但我们俩明显不是青春爱情故事，而且发展极其奇怪，感情直奔兄弟而去。

他经常和我聊天，讲他的各个兄弟的事，喊我和他一起打游戏。

更过分的是，他还搞了个小号假装女孩子让游戏里的小哥哥们给他充钱。

哦，他还让我在qq上给他小号里的那些"哥哥"们续火，我真是快要被他给气笑了。

我一边骂他，一边乖乖每天晚上偷偷躲在被子里拿出手机登他的号去帮他续火。

在学校是不允许带手机的，但我也只是懒得上交给老师所以放在柜子里。

其实我这人最烦麻烦的事，要是换个人让我每天冒着被抓的风险就为了给他的号续火，我铁定给这人来一锤子。

但暗恋这东西，就是个心甘情愿。

我下课会顺带着给他的杯子接水，抽屉里的抽纸盒也经常出现在他的桌子上，他的卷子总会在我的书里找到。

我一边心中暗自窃喜，从细枝末节的亲密中获得甜蜜的欣喜，一边表面上风平浪静，对他和对别人的态度似乎并无不同。

唯有在睡前从枕边拿起的日记本中可以窥得，今日因为他帮我接了水而兴奋得眼睛发亮，抑制不住嘴角的上扬，日记中的每一个字似乎都溢着满满的喜欢。

喜欢他，但仅仅是喜欢他。

我绝不会露出一丝一毫的迹象，不会透露给任何一个人喜欢他的信息，不会向他表露我平静面容下的狂喜。甚至没有一丝奢求有美好结局的想法，不去期待，也压根不认为会出现双向暗恋。

都说年少的喜欢开始于同桌，终止于调位。

位是调了，心却还在他那里。

这时候就很懊恼了，因为我坐在了第一排，根本无法自然而然地去偷看他。

从未奢求结局的暗恋被很好地克制在心底，不去看，不去想，不去感受。

偶尔他同我讲话，我一边犹豫着想尽

快结束对话，一边又不舍得就这么结束。就像对他的暗恋，想就此而终，又想再默默喜欢一小会儿。

这样的纠结在心中又藏了很久。

只有他被提问回答问题，在所有人都看向他时，我才能光明正大地将视线落在他身上，将埋藏在心中许久的情感混杂在蝉鸣夏日的哄笑课堂中，顺着阳光朝他缓缓而去。

然后自暴自弃般反复在睡前偷偷用手机听他发给我的几秒语音，是他取笑我打游戏太菜，话语间又带着笑意。

后来很久未同他讲过话，即便只是几米之隔，竖起耳朵也能在略微嘈杂的班级中听见他的声音。

但就在这么小的空间里，我们都没有机会再有过什么交流。

从某一个下午开始，我每天竖起耳朵听到的，都不再是他放松地和朋友打闹的声音，而是他略带宠溺的讲题声。

他在给一个女生讲题，那个女生是我最好的闺密。暗恋这件事我也没有告诉过她，除了我的日记本，谁都不知道。

就这样，我眼睁睁看着他给她讲题，看着两个人渐渐暗生情愫。

他们果然如我所料地在一起了。

我没有很多情绪，只是有一些失落。因为从未对他抱有什么希望，所以知道他谈恋爱我也没有很大触动，只是觉得理所当然。

只是这个失落时常萦绕我，在放学后的下雨天，闺密将她的伞借给我，和他打了同一把伞走了。我不远不近地跟在他们身后，看着他们紧握的手和雨下悠闲浪漫的羞涩。

没有说出口的暗恋连吃醋都没有资格，甚至不敢表露，我走得越来越慢，直到借用拥挤的人群帮我隔开他们。

好景不长，高三的特殊时期并没能给他们相处时间，他们就被父母和老师发现了，迫于压力他们分了手。

闺密小声在我耳边吐槽他，说他不懂浪漫，说他小气抠门，说他不够体贴。

我只是安慰她，既然不喜欢就不在一起好了。在不喜欢这三个字面前，对方身上就都是缺点。

而在我的喜欢面前，他做什么都能加剧我的情感。

我觉得他浪漫，在游戏里有人对我出言不逊时，他会帮我给对方教训；我觉得他大方，偶尔去超市帮我捎带东西时，他会说不必再还；我觉得他体贴，在我的请求下，他也会在我大姨妈疼痛时帮我接杯热水。

一厢情愿的暗恋莫名其妙地开始，再慢慢压抑着结束。

很久之后，当初的日记本也找不到了，时光中唯一一点我曾经为了谁隐忍失落，为了谁暗自欣喜的见证也不见了，就好像不曾存在似的。

从同学聚会上的照片里我找到了他，他身边跟着他现在的女朋友，我没有过多了解，甚至不曾点进他的空间看过哪怕一眼，因为没有必要。

暗恋就永远是暗藏在冷淡疏离下的波涛汹涌，曾经的每一个普通的眼神都有在说"我喜欢你"。

高中时，我下晚自习后时常并不急着走，而是待到教室熄灯，再回宿舍。

倒也不是我有多么热爱学习，只是不想在刚下课时被一大群人一路裹挟着回去。还不如多等几分钟，再慢慢悠悠晃回去。在这一小段时间里，我要么支着下巴看书，要么摊开本子抄自己喜欢的句子。与我的安静形成对比的，是时不时从我前桌那里传来的讨论声。有时是有人来请教问题，有时是学霸们对某一道题稍显激烈的争论。

坐在我前桌的男生叫木子，"江湖"上人人尊称一声"木哥"。木哥常年占据年级第一的宝座，对此没有人表示丝毫不服。与那种传说中不用怎么学习就可以轻松考第一的学生不一样，木哥的努力有目共睹。你在教室里看到他的时候，他要么在看书，要么在做题，似乎永远有学不完的知识。但他又绝非那种"两耳不闻窗外事，一心只读圣贤书"的孤僻学霸，相反，他待人温和，人缘很好。平日里虽然话不多，但若是有人找他搭话，他总是面带微笑，默默听着。如果对方是来向他请教题目的，他就会将题目掰开揉碎，细细说与对方听，末了还会好脾气地问上一句："我说得清楚吗？"

有一次课间，我趴在课桌上休息，有同学来找他问题目。

我的头埋在双手间，他们说到一半的时候我换了个姿势，木哥立马压低声音："我们小声一点，她在睡觉。"随即两人的声音就低了下去。

那时星光 那时月

❋ 梦神风风

我想我可能永远也忘不了那个晚上，有一个少年对我说："我想成为一只仰望星星的小蚂蚁。"

真是奇怪，明明周围熙熙攘攘，偏那句话我清清楚楚地听到了。

那个时候我们班里的男孩子大多咋咋呼呼、大大咧咧，扯着嗓子说话的声音在教室外都能听见。木哥却总是不温不火、不紧不慢，永远淡定从容。

我从来没见过他大声说话或者和别人争论得面红耳赤的样子。每个人和他相处时都觉得很舒服，像是春风拂面。全班五十个人都觉得木哥很好，没有讨厌他的。

二.

因为人缘太好，班里有女生开玩笑地叫木哥"男神"。一开始他让大家别这样叫，可看到他害羞的样子，大家叫得更起劲了。慢慢地，好多人都叫他"男神"了。

我坐在他后面，可以清晰地看到，无论叫多少次，他都不会对这个称呼免疫。每次只要有人一叫"男神"，他都会红了耳朵。

有一天上自习课时，我有题目不会做，于是戳了戳他的后背。他转过身问我怎么了。我也学着别人那样开玩笑地说："男神，我有个题不会做，你教教我呗。"我眼睁睁地看着他的脸就像是被倒入红酒的酒杯似的，那红色从耳后蔓延到脸颊上。他嘟囔着："你怎么也这样叫？"

我忍不住想笑，但还是一本正经地说："你本来就是男神啊。"

但木哥不愧是木哥，他很快就收拾好心情，脸上的红色褪去，垂眸指着题："那我们开始讲题吧，才女。"

好了，这下轮到我红了脸。就算我觉得自己与众不同，偶尔会觉得自己空有一腔才华却没人欣赏，但突然被人这样叫，我简直想钻到课桌下。

我结结巴巴地说："你……你瞎说什么呢！"

他促狭地一笑，压低声音："不好意思啊，之前借你的摘抄本，不小心看到你写的诗歌了。"

我宕机的大脑飞速运转，终于想起来，前两天木哥问我借好词好句摘抄本，我随手把我的摘抄本递给了他，完全忘了里面还有我夹进去的写在纸上的伤春悲秋的诗歌！

"写得挺好的。"他补充道。

"可以了，可以了，别说了。"我的头都快垂到桌面上了。我看也没看，随手拿起旁边的书打开，遮在我面前，生无可恋地说："讲题吧，讲题吧——"

哗啦——书页里夹着的纸飘到地上。原来我随手拿的书好巧不巧就是那本摘抄本！人不能，至少不应该这么倒霉吧？我欲哭无泪地看着木哥捡起写着诗歌的纸递给我，他上扬的嘴角怎么也压不住。

我愤愤地夺回他手里的纸。好在木哥没再继续和我开玩笑，他清了一下嗓子，扯回话题："好了好了，来看题。"

以前我以为木哥是不会开玩笑的那种类型，没想到他还会和人逗趣啊……

三.

不知道是不是因为他看了我写的诗歌，我觉得我和他的关系好像近了一些。

我写的诗歌不是没人看过。我之前也会给我的朋友看，他们都说："哎呀，你写的诗歌好悲伤哦，不能积极向上一点吗？"我和他们说，我读到一些诗人的诗歌会很难过，他们不算有名，但好歹还能有诗歌穿越千年来到我们身边，可千年以后我能有什么留给后人呢？一想到我的存在可能了无痕迹，我就很难过。

我的朋友大抵分为两类。一类说世界

上有那么多人，出名被记住的只有这么几个，其他人不也好好地活着，这样有什么不好吗？另一类则坚信自己一定会有一番作为，现在想这些都是白操心。他们说的都没错，可我就是……我很难过，但我不知道怎么说。

可是木子，他看完我的诗歌什么都没说，他甚至还夸我写得好。我一时都怀疑他说的不是真话。可我总不能去逼问人家："你说我写的诗歌好，到底哪里好？"

在日复一日的苦想中，我没有找到答案，日子却如水一般流走了。

某一天下了晚自习，教室里的同学渐渐散去。我摊开摘抄本，认真抄写着今天读到的喜欢的句子。

等到木子问我"走吗"的时候，我刚写下"独立小桥风满袖，平林新月人归后"。这是五代的冯延巳所作，一位小有很出名的诗人，至少我们的课本必读必背古诗词里没出现过他的诗作。我在偶然间读到他的《鹊踏枝》，觉得心弦仿佛被轻轻拨动了。"谁道闲情抛掷久？每到春来，惆怅还依旧。"我这么读着，只觉得自己心里也浮上一抹淡淡的惆怅。明明是在冬天，我却仿佛已经感受到那种春天的惆怅了。

直到木子回头来问我，我抬头，才发现不知何故，今晚其他同学都走得挺早，教室里只剩下我俩了。我不想等会儿摸黑一个人锁门，木子大抵也是不好意思将我一个人留在教室里才问的。我等笔墨晾干，将笔记本合上，站了起来，说："走吧。"

教学楼里已没有几个同学了。我看着他熟门熟路地找到锁，将教室门锁上。他抿着唇，专注于手上的动作。扣上锁后他又伸手推了两下，确定没问题了才抬头对我微微一笑："好了。"

我俩顺着楼梯往下走。我想，木子为什么总是这么认真地学习呢？他想过我们死后都会化作一抔黄土，连名字也会逐渐消失，被人遗忘吗？这样的话，我们的努力还有什么意义呢？

心里这么想着，可我只是说："木哥你真厉害。"

"嗯？"可能是我的话题太突然，他好像没听清。

于是我又重复了一遍，我说："你好厉害，学习那么用功。"

他看了我一眼，对我说："你才厉害。看了你的摘抄本，你看过的书好多我都没看过。"

我的脑海里还在思考着刚刚的问题，说话间我们已经走出教学楼。

冬季的夜无比寒冷，却是观星的最佳时机。我呼出一口气，抬头就看到了繁星闪烁的夜空。

电光石火间，我好像明白了什么。我说："你这么努力，以后一定可以成为天上的星星。"

木子肯定也是想成为星星的人吧？他那么努力，我相信他一定可以成为星星，甚至是夜空里最亮的星星！

今夜星空明朗，无数闪烁的星星布满天幕。这些星光跋涉了多久才能在此刻被我们看见？我很喜欢星星，每次看到星星，我脑子里都会产生一些幻想：我们夜晚看到星星时的心情，和星星发射光芒时的心情一样吗？它是喜悦的，还是悲伤的？它会不会担心自己的光芒没人看见呢？

看着星星明亮的夜空，我的心情也忍不住温柔了几分。我衷心祝愿木子成为他想成为的人。木子也抬头看向夜空。夜色下，他的声音一如既往地清晰："我不想成为星星，我想成为一只仰望星星的小蚂蚁。"

我的脚步微微一顿。我猜测我当时的表情应该是诧异的，因为木子笑着看了我一眼，补充道："我觉得做一只小蚂蚁也挺好。"语气温和淡定，所以我知道他是真心实意这么说的。

我再次看向漫天沉默不语的星辰。它们一闪一闪的，仿佛在诉说什么。我无法描述那一刻的感受，但不知为何，那晚我的心脏像是被夜空中射来的星光击中了一样，跳动的频率快要控制不住了。还差一点，好像还差一点，我就明白那是什么了。

可是还差一点。

四

那晚木子说的话让我久久不能忘怀。

不能忘怀的是什么呢？我思索许久，却没有答案。只是把那一刻被触动的心情藏在心底。

很久很久，等我长大以后，才慢慢明白那天晚上击中我内心的是什么。

我是一个浪漫且悲观的人。我觉得在时光的长河中，每一个人都是渺小的存在，有的人只是平淡地度过一生，连一丝浪花都不曾激起。唯有成为历史长河里的星星，才能不被遗忘——哪怕只留下一首诗、一阕词、一句话。哪怕那时候，关于这颗星星的所有故事都已经湮灭，留给后人的只剩下这么一点东西，也足够了。

可是大浪淘沙，想留下来，何其艰难。所以我原以为所有人都想挤入夜空，成为被世人仰望的存在。那些被淘汰的都化作了青烟，烟消云散。原来这世上，有的人不在乎自己能不能成为星星，能不能飞到天上，在凉凉的夜风中，他能窥见宇宙一隅已是心满意足。如果一个人只想着成为星星，并且因可能不被人铭记而一直陷于自怜自哀的情绪中的话，那么他就会失去那一方星光闪烁的天空啊。

我便是这样，正因为我知道这个世界很美好，我想在这个世界留下点什么的愿望才会这样强烈。可我却忘了，要先好好体会这个世界，爱这个世界啊。苏轼在《赤壁赋》里说："哀吾生之须臾，羡长江之无穷。"尽是对生命短暂的感叹。可接着他又说："且夫天地之间，物各有主，苟非吾之所有，虽一毫而莫取。惟江上之清风，与山间之明月，耳得之而为声，目遇之而成色，取之无禁，用之不竭，是造物者之无尽藏也。"转念享受自然的恩赐。

假如因害怕失去而忘记仰望天上明月、感受山间清风，那该是多么遗憾的一件事啊！我想我可能永远也忘不了那个晚上，有一个少年对我说："我想成为一只仰望星星的小蚂蚁。"

如此，方不枉费这些星光，跋涉数万光年，来到我们的身边。

因为自己没底气，就揣测别人一定懂得，一定比自己强，这样的误解在生活的其他方面也时时发生。自己的题，还是得靠自己解答。

一次作弊

初中二年级时，我曾经因为考试作弊被老师抓到，那个场景我至今仍然记得。那天天气炎热，校园里蝉声阵阵，监考老师是邻班的数学老师，一个干练的中年女人，穿着绿色的套裙，茶色眼镜也遮不住她灼灼的目光。

那阵子我的状态算不卜好，因为班主任布置作业天天要家长签字，我妈写了张字条表示嫌太麻烦，班主任感到权威受到挑战，因此有点生气，不太待见我。同桌的男生不知是受班主任在班会上表达不满的影响，还是因为青春期男生特有的刻薄，也对我有莫名的恨意，找准一切机会对我冷嘲热讽。好成绩是我唯一的盾牌。

考生物的时候有几道选择题我不确定答案，突然紧张起来。我为了这几道没背过的题而产生恐惧——只要有一门

✿ 闫 晗

考不好的话，成绩就没那么好看，名次就会下降，然后被不喜欢我的同学笑话。

上一次考试之后，班主任让每个人在本子上写一个竞争对手的名字，就是下次考试想要超越的人，我没有写，因为我考了第一名。班主任说，不要以为你没有对手，你最大的敌人就是你自己。她不用说我也知道，守住第一名的位置非常艰难，没有进步的空间，一旦退步，别人就会说你骄傲了，或者是女孩子智商不行之类的话。

其他的题目都做完了，不成问题，只有前面那几个不确定答案的，我暂且用排除法胡乱猜了一个。我胳膊撑着脑袋，故作镇定，头略向后面转了转，后座的女生也已经做完，仿佛胸有成竹的样子，她成绩一直很稳定，在第三名，生物这一门也学得比较好。我做了一个大胆的决定——趁着收卷一片忙乱时，小声问她，第七、八题选啥。她疑惑地看了我一眼，然后把试卷亮给我看。答案跟我选的不一样，我赶紧改掉自己原来的答案。

我看了一眼监考老师的目光，这一切被她尽收眼底，那位女老师迅速走到我面前，毫不客气地收走卷子说："停笔了，还是 1 号的学生呢，这种素质？"我低着头不敢看她，但语气里的嘲讽我完全感受到了。

热血涌了上来，我的脸通红，呼吸沉重，又害怕又羞赧，脖子汗津津的。许多念头涌上心头：完蛋了，我会不会被通报批评？是名字被写在楼下黑板报上，还是被年级主任在大会上点名？班主任会在班会上批评我吧？

这次考试在我内心的极度慌乱中结束了。等回到自己的座位开始上课时，同桌果然没有放过这个插曲，一脸的幸灾乐祸，用讥笑的口吻，学着那位老师的腔调："哟，还是 1 号的学生呢，真给我们班丢脸呀！"我一脸羞愧，无话可说。

前桌的小个子男生倒是小声地安慰我："说不定没事儿，她也没记你的名字，只说学号 1 号的学生，谁知道是谁呀。"这安慰虽未能打消我的焦虑，但我记得他是站在我这一边的。还是有人站在我这边的。毕竟很多人像我同桌那样，喜欢看优等生出丑。在这样的时刻，没有落井下石，肯表现出善意，是非常难得的，我心领了。

在惴惴不安地过了几天之后，分数出来，讲评卷子，关于这场考试的一切都偃旗息鼓。那件事也没了下文，谢谢那位老师放过了我。我悬着的心放回了肚里，但它给我带来的耻辱感却不曾消退，羞赧和尴尬时时发作，一想到这件事还是会热血上涌。一场考试，多几分少几分，并没有那么重要。多年以后，谁还会记得考了多少分呢？更重要的是，以后我再也不想承受这样的耻辱，快收卷时也不会再多写一个字。

对了，更讽刺的是，那次我改的答案，后来发现都是错的。原来后座的女生也不会呀。原来我凭直觉填的，其实是对的。因为自己没底气，就揣测别人一定懂得，一定比自己强，这样的误解在生活的其他方面也时时发生。自己的题，还是得靠自己解答。

缓 慢 生 长

✽ 秦贞迪

高中时，我偏科极其严重，是文科生中的优生、理科生中的差生，综合看来，就是一个中等生。我努力补习数学，几乎把百分之九十的时间用来攻克数学题。有一次，我像往常一样拿出那沓厚厚的练习卷，同桌突然冷哼了一声，对我说："笨鸟先飞。"听他那么说，我的眼泪都要掉下来了。那四个字绵软又精准地刺痛了我，让我的自尊心碎了一地。我快要窒息了，虽然忍了很久，但最后还是找了个没人的地方哭了一场。

没关系，慢一点也很好，有些努力即使没有成功也值得被肯定，何况前程远大，这里并不是终点。

我努力了很久，但数学成绩还是起起落落，没有大的改变，总是遭到数学老师若有若无的忽略。可能只有当过毫不起眼的中等生，才知道老师的鼓励有多重要。而"笨鸟先飞"这四个字，就像同桌给我打上的标签，我努力地挣扎，拼命地想要撕下来，却总是在一次次没有起色的数学考试成绩中溃败。我渐渐觉得这四个字似乎生出了一种尖锐的东西，时不时刺着我。后来，我就不敢在同桌面前做数学题了，不懂的题目也不敢去问老师，只能拿回家偷偷写，偷偷琢磨。在好几个深夜，我都觉得自己活得好辛苦，不断折磨自己、追问自己，好像总是不能找到合适的节奏。那些不被察觉的缝隙中，也总是充满了无法言说的痛苦。

高三时，气氛紧张，欢乐稀薄，时间稍纵即逝。大家都憋着忍着，不敢松懈，不敢放弃，更不敢退缩，而我恨不得把自己绑在座位上，把这世界上的所有数学题都做完。在那个阶段，我还是一个脆弱的"小鬼"，看着试卷上解了十几次依旧做错的数学题，又看看窗外的落日，总在叹息什么时候才能解脱。一个偶然的触发点，就会让我的眼泪毫无征兆地流下来。

我常常被这种无力感击中，只能时不时地敲打自己：这世上怀才不遇之人多如过江之鲫，我又算得了什么。可随之而来的，便是面对高考时的惶惶不安，像是一个漫长的审判过程，煎熬折磨。高考就像是我生命的全部，而我也只能在文字中得到片刻喘息。文字在蹉跎的时间中给了我意义，如生命的救赎，我从来没有那样急切地渴求过它。

曾经的我大放厥词，说要耕耘文学，后来的日子我时常沉默，但其实是在高考倒计时中一边哭泣一边奔跑，"不择手段"地提高分数。兴趣被消磨，经常熬夜做题，心情又常常紧绷着，人就出了问题。我时常对什么都提不起太大的兴趣，有时候会脆弱得不堪一击，不知道自己被困在哪里。我也感受不到那种肆意飞扬的青春，留给我的只有不起眼的分数、额头上的痘痘、无数个因为数学成绩而焦虑的晚自习。我奋力奔跑，却总是跌倒在岔路口。

于是，我休学一个月，接受心理治疗。我记得最清晰的是医生讲的关于马的故事，她说："乌克兰地下煤矿有一匹运煤马，它常年待在矿洞里，听着断断续续的轰鸣声，似乎全身的血管都膨胀起来，忘记了痛苦和恐惧，只会往地球深处钻，英勇地流血。很久很久之后，它完成了所有任务，拖着疲惫的身体摇摇晃晃地走出黑漆漆的矿洞，来到阳光明媚的地面。阳光迫不及待地涌上来，而那匹马却因为在地下待的时间太长，失明了。"

医生看着远方，仿佛在对我说，又像在对自己说："很可惜是吧？你以为你得到的很多，但其实你失去的更多。欲望越强烈，矛盾就越深，痛苦也会越盛。这个世界上，总有比学习更重要的事情，学习并不是生命中的一切，它只是你某个阶段的主要任务。有时候要学会放松自己，慢慢走，时间长了，也能走很远。"

我恍然间觉得，曾经那样固执的思想

顷刻间分崩瓦解。我隔着那段困顿的时光重新审视自己，恍惚间仿佛看见路有尽头。就那样，我丢下了心中的包袱。周身的尘埃缓缓落下，我突然觉得，生活还是很美好的。

在这段时间里，我被文学充实着，又读到了余华的短篇小说《十八岁出门远行》。小说讲主人公十八岁出门远行，经历了兴奋、困惑、折磨、疲惫，最后变得坦然。世道叵测，伪善横行于世，他就这样以肉眼可见的速度成长起来。我在独自一人的时候常常会想：人生之路的核心解法到底是什么？我突然就懂了。这是一条不容拒绝的路，人不能总是漫无目的地向前走，总是会在某一个时刻变得笨重，于艰难困厄之中缓慢生长，开始自我意识的觉醒，然后头也不回地走上自己的大道，而不是慢慢地、无声地退让和屈服。

绿萝枯又生。我攒足了勇气重返学校，数学成绩依旧毫无起色，但我心里十分平静。日子就这样一天天过去，我也出乎意料地坚持了下来。有时候，我会在学校某个不显眼的角落里看那些默默努力的人，他们和我有共同的特点：害怕自己的努力被别人看见，害怕被别人嘲笑。当我出神地盯着他们看的时候，他们总是遮遮掩掩，装出一副漫不经心的样子。那种感觉我很熟悉，因为我也有过那样的时候。这个世界喜欢听年少有为的故事，人人都能看见功成名就的少年英雄，却看不见壮志未酬的末路英雄，似乎关于成功的故事向来都是胜利者在讲述。很多时候，我想冲上去告诉他们，没关系，慢一点也很好，有些

努力即使没有成功也值得被肯定，何况前程远大，这里并不是终点。可我还是忍住了，因为他们和以前的我一样，总是倔强又脆弱。我想，这也算是青春年少时的一种悲哀吧。

可能是得益于那种出奇的平静，又或是命运的安排，高考时，我超常发挥，数学成绩上了三位数，我考了一所还算不错的学校。亲戚们都知道我的高三一波三折，揶揄道"可算考上大学了啊"，再说些风凉话，好不热闹。我又在心里懊恼，怎么总是这样，别人轻轻巧巧的几句话，就能在我的心上撕开口子，该怎么反驳那些有恶意又毫无意义的话呢？那些话，最平常不过，好像怎么说都微不足道，虽然我心里的小人早就开始咆哮了，但现实中，我只能淡淡地笑着，装作事不关己。

以前的我，只会匆匆低头赴路，陪伴我的只有路灯下孤独又坚定的影子。每次，我都想着赶快走，回家再做一套数学卷子，或者听着耳机里悲伤的音乐，默默哭出来，自我怀疑，整夜整夜失眠，留给我的只有数不清的错题和看不见尽头的失望。而今，再看到昏暗的路灯，我终于能停下来慢悠悠地欣赏，也开始原谅成长中遭遇的那些苦和痛。我偷偷地告诉自己，没关系，慢一点也很好。

我知道自己在缓慢地生长，也渐渐明白，很多时候不知道怎么走没关系，它们只是人生方程的参数，并不会影响答案。如果说事与愿违，那一定是命运对你有了新的安排。

逃离少女时代

☀ 江露露

我不太喜欢我的少女时代，它是灰色的、单调的，是焦虑的、疲惫的。

我不太喜欢我的少女时代，它是灰色的、单调的，是焦虑的、疲惫的。

这种不喜欢在我初三的时候达到了峰值，因为学校突发奇想重组了个所谓重点班，我被分到这个班，被迫离开了所有的任课老师以及最好的朋友。更为严重的是，我本来挺好的成绩也显得差起来——对于我们大多数普通学生而言，学习成绩的好坏全靠相互比较，毕竟高考最终看的不仅是分数多少，更是排名多少。

那一年真是糟糕极了，我不喜欢新班级的班主任，也不太适应英语老师的口语教学方式，语文老师总是说我的作文离题，化学老师一讲话我就犯困，新同学的名字我大都记不住……但那个十五六岁年纪的我好像第一次隐隐约约感受到了人生无常——我明明什么都没做，但一切离我而去。

似乎连呼吸都是压力，在这种压力包裹下的我变得越来越笨、越来越胖、越来越灰暗。整整一年，我最轻松的时刻大约就是课间上厕所的十分钟。我们的教室设在办公楼，我一个人从教室离开，经过若干个教师办公室下楼，然后穿过几个教研组，再沿着操场对角线走到另一角的公共厕所完成如厕，来回差不多要占据整个课间的十分钟。

这一年唯一的亮色大约就是这十分钟我脚踩的黄色太阳光。

而这一切的转机在中考。在志愿填报上，我义无反顾地放弃了所谓省级示范中学，就近填报了一所很一般甚至有点差的高中。我当然知道当时所谓"离家近""不用住校""消费低"等都是借口，只不过害怕压力越来越大，只是想不用那么辛苦地当优等生——这种想法很没出息，但是真的很舒服。

就这样，我本应该更加疲乏的求学之路，硬生生被我撕开一道口子，终于有那么一丝轻松感投射进来：我能够努力且放心地写着周记和作文，语文老师总会不厌其烦地批长长的评语；空间几何依旧在我的想象之外，但能够允许我耐心地抠、慢慢地算；物理好难学，但考过及格线就能名列前茅；校园里树荫下的小荷塘、雨季里能溢出水来的井，还有那个被我们打到树上的羽毛球……

我多么贪图这种轻松啊，连文理分科都敢大笔一挥，填了理科——只因为我喜欢的语文老师要教理科班。但老师们一一找我谈话，主旨都是让我认清自己、理性选择，于是，我改回了文科。

时间像课桌抽屉里每半日更新一次的试卷一样匆匆而去，如同复制粘贴般无从回忆，而对未来所有的畅想也只是想逃离。

那个阶段最轻松的时候，大约是放学回家的那半个小时路程，我走进环绕的群山，看着山变得越来越大，而我变得无限小，小到如尘埃、微光，小到所有的喜怒哀乐都不值一提，小到能感觉到时间载着宏大的宇宙、漫长的历史正缓缓流过，也载着我离开现在。

终于，我迎来了高考，我不记得语文作文题目，不记得我最终考了多少分，连大学录取通知书也没有留存。高考志愿我亦填写得简单——只选中文专业，且非师范类。其实，从我并不高的分数以及这个专业的就业形势客观理性分析，就可以预估学校填报的难度以及堪忧的未来，老师和家人也都告诉我这不是一个明智的选择，我告诉他们我喜欢、想好了、确定了、不改了。

后来，我坐上了北上的火车，来到了可能是我这一生最幸福的时光里。老师在课堂上为我们朗读："我们记忆最精华的部分保存在我们的外在世界……那是过去岁月最后的保留地，是它的精粹，在我们的眼泪流干以后，又让我们重新潸然泪下。"志同道合的朋友就坐在身边，图书馆里总能找到未看且让人想看的书，食堂里有我最喜欢的风味茄子，自习室里还能碰到喜欢的男同学……

即便如此，很多年里我还是会从这样的梦里惊醒——每次都是在答题，有时候是在试卷上答题，交卷时间到了我还没做完，急得满头大汗；有时候是在黑板上答题，大家都写满了，我的粉笔却总是写一笔折一截，或者干脆写不出来字，只剩下划过黑板的刺耳的声音。

等到不再做这样的梦时，我终于可以回过头从容复盘，常常自问：我是不是走了弯路？

答案是肯定的。但如果不能心随所愿，那一切出逃又有什么意义呢？

走夜路请放声歌唱

✽ 猫哆哩

人生也一样，令我恐惧的从来都不是失败，而是我对于失败的种种想象。

1

小时候的我很怕黑。

已知是不可怕的，光照下的一切事物都有边角、界线，洁白又坦荡，是符合我们认知中的客观存在。然而黑暗是未知的，没有边角与界线，日落月升，夜色总会顺着窗边与卧室门的缝隙流进来，包裹住整个房间，凸显我过速的心跳。

童年里，令我印象最深的一次走夜路经历发生在乡下的姥爷家。仲夏，大人们聚在村边的池塘夜钓，夜晚九点，我和表弟挤在炕沿看完了电影频道播放的《狂蟒之灾》，接到舅舅打给家里座机的电话，他嘱咐我们把挂在厢房正中的新鱼竿送到池塘。姥爷家位于村子平房群的西边，去往池塘需要沿着窄窄的乡道一路向东，还要穿越一小片树林。

窗外黑得彻底，少有人造光源，乡村夜晚的黑是远甚于城市的，光是向外瞥一眼，似乎都花掉了我所有的勇气。我撇着嘴同表弟说用"石头剪刀布"游戏定胜负。当我的拳头被表弟的手掌包住时，我几乎就要流泪，嘴角向下的弧度又加深了几分。"怕什么？大不了我陪你去！"表弟十分义气地拍了一下我的肩，于是，我们推着姥爷的自行车，斜着拿起鱼竿互相搀扶着走进这乡村夏夜里。刚走出院门便碰见了返程的隔壁叔叔，他意犹未尽地冲我们嚷着："池塘的夜热闹着呢，小娃娃们快去！"前方，窄窄的乡路连接着一片漆黑的树林，温馨的烟火气都停在身后的院落里，远处的黑暗伴着阵阵风吹落叶的声响，像极了怪物的嗥叫。表弟手中手电筒的光闪了一下，我压下内心想要转身的念头，拉着表弟坐上后车座，咬咬牙，骑起自行车冲进树林里。

2

一直到冲进树林里骑过一段路，我都不敢睁眼，一路颠簸骑得磕磕绊绊，树叶的沙沙声在耳旁响起，刚看过的《狂蟒之灾》中的巨蟒化为身后的每一棵树，它们踩着自行车轮子碾过的土地，不舍地追着我们。前轮被小石子猛地颠了一下，那一刻，我被迫睁开眼，壮着胆同表弟说道："我们来唱歌吧！""阁楼上的吵闹声／叽叽喳喳不停／少了颗眼睛的玩具熊／在埋怨不再有人抱抱他……用力地往前奔驰／因为害怕迷路／冲破了终点享受欢呼／再没有人抱着你一起跳舞。"那个夜晚，我和表弟几乎哼尽了脑海里的所有旋律，从动画片和电视剧主题曲，到童谣和儿歌，我们的歌声逐渐压倒了树林的呼啸声，我的心跳得比草丛中的蝉鸣还快。

终于，骑到池塘的那一刻，人群的喧闹声和无数的灯光拥抱着我，我和表弟下车时还被绊了一下，跌跌撞撞地奔向舅舅。他接过鱼竿后笑着揉了揉我们的头发，说道："怎么这么紧张？"

3

我们坐在池塘边，我的注意力不在偶尔咬钩的鱼上，不在舅舅绕紧的鱼线上，也不在池塘边聚集的人群上，直到夜钓结束，我还在回味刚刚穿越树林的恐惧和此刻安然无恙的放松。返程的路似乎比来时要短很多，舅舅拎着手电筒走在前头，我和表弟背着鱼篓跟在后头，令我恐惧的黑暗被光打过，原来只是一棵棵树啊，我长舒一口气。

4

童年穿越树林的夜行经历令我感到后怕，却也给了我极大的勇气。那晚，被舅舅的手电筒照亮的乡路就像一道浮现出答案的数学题，我厘清思路，理解透了每一个公式与步骤，也终于能亲手解开人生这道难题的答案。

后来，这段经历使我慢慢发现：令我恐惧的一直都不是黑暗，而是我对于黑暗的想象。人生也一样，令我恐惧的从来都不是失败，而是我对于失败的种种想象。想象中，向上攀行的路上，总有许多的恶意蛰伏在四周的黑暗里，当我跌落时，他们会第一时间冲出来嘲讽我、打压我；而现实中，其实每个人都只低头专注于自己向上攀行的路，那些恶意的嘲讽并非出自他人的口中，实质上还是源于我对自己的不自信。当我因过于惧怕跌落而停在某个阶段时，模糊中，我仿佛看到漆黑的树林里，走在前面的舅舅举着的手电筒发出的光，也正是那束光为我照亮了前路。

我想，此后我都不会再惧怕黑暗，更不会再惧怕失败，因为我的眼前总是会浮现那夜成功穿越树林后池塘边乍现的明亮的光，心里也总是会响起童年夏夜里为壮胆而哼起的那些歌。歌曲旋律悠扬，音节欢快，而紧张地闭着眼骑过树林的小小自己正为如今的我打着节拍，高声哼着："一二三，一二三，池塘已经很近了，往前走，不要怕。"

系上一个蝴蝶结，去建一座新花园

❀ 麦淇琳

>>>

1

那时云想想大概十三岁，一家人都住在机器厂的职工大院里。暑假的时候，云想想和往常一样，跟着伙伴们在大院里玩。

大院里有一块不大不小的草坪，草坪中央是一个水泥花坛，里面栽种着几棵四季海棠和柠檬树，院内的围墙边还有一棵上了年纪的木棉树。

云想想跟伙伴们坐在树下玩象棋。接近晚饭时间，树底下的光线渐渐变暗了，但离真正的黑暗还有一会儿，有人大声而急促地喊："陈一鹤，快点过来！"

所有人都停了下来，朝一个方向望过去。云想想看着陈一鹤的侧脸，忍不住感叹，世界上怎么会有陈一鹤这样的人，不仅长了一张超级讨人喜欢的脸，功课还很优异，能吹箫，会织簇绒毯，简直是完美的存在。

2

陈一鹤虽然吸引了众多目光，但他在学校里只有云想想一个朋友。用大多数人的话来说，陈一鹤与云想想是青梅竹马，他们的母亲是闺密，也是同事。他俩站在一起，总是被家长们扯着比身高，然后云想想总是迎来大人们充满不可思议的目光："都是同一天出生的孩子，身高怎么差了一大截？"

所以，每当云想想露出忧伤的神情，陈一鹤就变魔术一样，从口袋里掏出一颗橙色的水果糖，说："没事没事，多吃糖，长个儿。"

"长什么个儿呀，这么吃，我早晚把牙吃坏……"

"你怎么突然不说话了？"陈一鹤一张俊脸挡住了她的视线。云想想拉了拉他的衣袖："快看，隔壁班的那个女生又来找你了。"

青春的痛苦总有一天
不再痛苦，伤口总会愈合，
当你内心不为樊笼所拘，
世界总会给你补偿。

一个瘦高个儿的女生走过来，开门见山地问："陈一鹤，你爸真的是给死人化妆的吗？"陈一鹤冷冷地扫了她一眼："是啊，要预约吗？"云想想看见那女生的表情一僵，然后撒腿就跑，她摇摇头，拍了拍陈一鹤的肩膀："陈同学，难怪你没朋友。"

在十三四岁的孩子仅有的一点人生阅历里，死人代表了不祥。于是，陈一鹤爸爸是给死人化妆的消息传开了，班里的同学开始有意无意地躲着他，别班的学生也对他指指点点的。陈一鹤忍不住跟云想想说："我爸是遗体整容师，这又怎么啦？我不觉得丢人。"他瞥了她一眼，又说："至于朋友嘛，我有一个就够了！"

云想想圆溜溜的眼睛像星星一样一眨一眨："对对对，我也觉得你爸的职业很酷啊，他让死者体面地走完人世间最后一程，真的不丢人啊！"

陈一鹤无声地望着她，点点头。

3

初三的下学期，正是中考冲刺的最后阶段，整个初三年级都笼罩在紧张的学习氛围中，每个学生都像满弓的箭，等待着最后穿林而过，直达靶心。

也是那阵子，云想想的爸爸彻夜不归了。一天半夜，云想想从梦中醒来，听到客厅里有妈妈走动的声音。她轻轻地从床上下来，悄悄地把门打开一条缝，发现妈妈在客厅里焦灼不安地走来走去。云想想意识到爸爸一定是出了什么事，或者是生了很重很重的病，不然他不会不回家。就在那天凌晨，妈妈的手机响起来了，此后云想想便成了没有爸爸的孩子。

云想想的爸爸去世后，她妈妈经常以泪洗面。有一天云想想半夜醒来听到哭声，她站在妈妈面前，认真地说："妈，爸爸不在了，家里还有我呢……我再也不淘气了，我们母女俩好好过。"

虽然云想想表面上云淡风轻，可背地里，她看见陈一鹤的爸爸往他包里塞了一瓶椰子汁时，还是忍不住哽咽。

那天，他们两个一起走在上学的路上，走着走着，陈一鹤突然从包里摸出那瓶椰子汁来。他将椰子汁放在她的手心，说："我不喜欢喝椰子汁，还是你替我喝了吧。"云想想眼泪就掉了下来，说了句伤透人心的话："我知道椰子汁是陈叔给你的，有什么好炫耀的！"

陈一鹤目瞪口呆地望着她："想想，我不是这个意思，其实这瓶椰子汁是我爸让我给你的。"云爸爸还活着的时候，两个爸爸经常坐在樟树底下下象棋，然后云想想和陈一鹤就会站在象棋桌的旁边观战。不管谁赢了棋，两个爸爸都会从口袋里掏出一些零钱，让陈一鹤去小卖部买孩子们都喜欢的椰子汁。

"每个人都有自己的痛苦和艰难，正因为如此，世界才会给予美好作为奖赏。"陈一鹤酝酿了许久才说，"我们要学会给不快乐的情绪系上一个蝴蝶结，然后去建一座新花园。"

不知道为什么，云想想突然间眼睛湿湿的，内心宛如开出了一朵花，她说："陈同学，我要去哪里盖新花园呢？"

◆4◆

周末，云想想跟陈一鹤去买簇绒枪，还去木场买材料做架子，准备好毛线和布料。陈一鹤将木架搭在院中，把簇绒枪给云想想，教她先用穿针器将毛线穿进枪前端的小孔里，右手握住枪柄，左手握住平衡杆，将枪前端的小剪刀用力扎进簇绒布，再打开开关，扣下扳机，迅速移动。云想想在布的空白处随意练习了两下马上找到了感觉："哇，玩这个好解压，陈同学你也来试试。"陈一鹤点了点头："簇绒工艺是一种艺术创作，当我们在粗布上戳出自己喜欢的图案，簇绒枪会发出'突突突'的声音，和缝纫机一个原理，有节奏感，可以摇摆，所以很解压……不如，你也来加入我们的簇绒兴趣小组！"

云想想本就是像太阳一样张扬率性的人，她的眼睛笑得弯弯地说："好，就这么说定了。"云想想加入簇绒兴趣小组的热情格外高涨，当别的高一学生一窝蜂地冲向簇绒组，云想想早就已经交了申请表。

那段日子，学校的"校园文化建设与学生艺术才华培养"工作正如火如荼地进行，簇绒组的成员经过几次简单的培训和练习，基本上都能驾轻就熟。云想想给了大家一个惊喜——她做的簇绒毯被评为"童话艺术品"的优秀奖。

在阳光下，云想想默念着法国诗人艾吕雅的一首诗——"火焰是心灵的云彩，火焰是血液全部的支流，它唱着我们的曲调，它驱除我们冬天的水汽。黑夜可厌的忧愁燃烧起来了，灰烬变成了欢乐美丽的花朵，我们永远背向西方，一切都披上了曙光的色彩。"

陈一鹤转头看向云想想，他默默地想：青春的痛苦总有一天不再痛苦，伤口总会愈合，当你内心不为樊笼所拘，世界总会给你补偿。

折裂了翅膀，还要飞翔

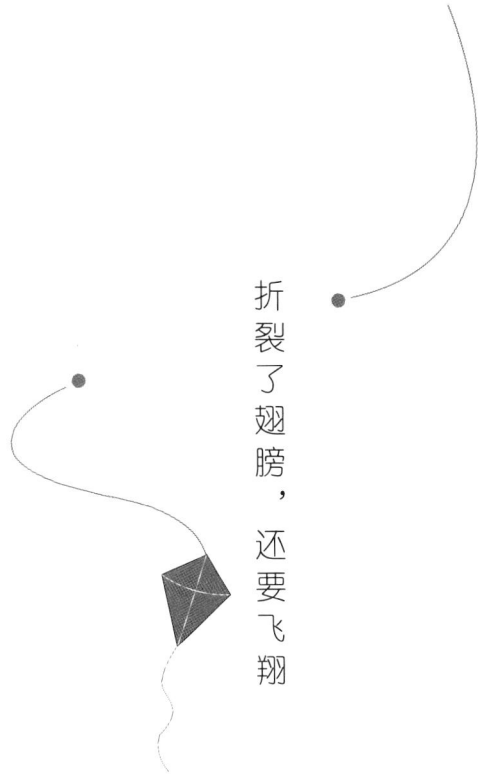

走出成长的荒漠后，我们自

将脱胎换骨。

年少心事，藏于青春的湖里

❋ 凝佳恩

我们家会搬到 N 市，全因我妈采纳了大舅的建议。大舅说市里学校的师资力量相对雄厚，有利于孩子的全面发展，于是我被我妈丢进了一所著名的私立中学。大舅说在市里没个工作、没有收入是活不下去的，给我妈介绍了个接地气的工作。很快我妈带着我爸走进了菜市场，开始了没日没夜的卖菜生意。

十几岁的孩子，正要面子，父母在嘈杂的菜市场抛头露面大声吆喝卖菜，对我来说并不怎么光彩，所以当同学们问起我爸妈是做什么的，我常常难以启齿，有时会随便扯个谎应付了事。我妈去开家长会，无意间得知她在我的口中是有头有脸的银行职员，坐办公室，福利还好。回来后，她红着眼问我书都读到哪里去了，为什么不跟人说实话。

我红着脸憋了半天，蹦出来几句话，化为利器直捅我爸妈的胸口："因为你们天天弄得灰头土脸，为几毛钱争来吵去，我感到丢人。"我爸扬起的手还没碰到我的脑袋，被我妈及时制止住了。我妈用另一只手抹了一把眼泪，瓮声瓮气地说："你不想去帮忙就待在家里，饭做好了在锅里，你的衣服也单独洗好了，拿出来晾一下。我俩去卸货。"

我总共去了两次菜市场，还是星期五放学找我妈拿钥匙。那个地方叫喊声此起彼伏，乌烟瘴气，我去过一趟，回家抖抖衣服，不是掉下来菜叶就是灰尘眯眼睛，此后便极其排斥前往。我极力避免的另外一个主要原因是怕在那边碰到同学，一旦被他们认出，知道了我和卖菜人的关系，我在本校的人设就会崩塌，还可能会被人当成谎话精，失去信任和朋友。在虚荣心和家人之间，我毫不犹豫地选择了前者，不但自动忽略了他们的辛苦，还觉得这个行业、这份职业令我丢面子，拖了我的后腿。

菜市场的竞争者很多，我爸妈精打细算，天不亮就开着小三轮去很远的地方进货，货比三家，希望能通过降低成本来获取更多的利润。

他们早出晚归不着家，就导致我只能寄宿在学校。明明我们租的房离学校不过三条街的距离，我却不能办理走读证，不能窝在家里舒服的床上，不能每天吃上爸妈烧的菜，让我很是窝火。初中学业繁重，时间紧迫，有些父母为了避免孩子在路上来回奔波，又想保证孩子发育所需的营养，会亲自送饭过来，早早候在校门口等那抹熟悉的身影。

在对比成风、被嫉妒操控的青春期里，我终于还是沦为情绪的阶下囚，自私地向父母提了能不能留个人在家专门服务我的建议，还搬出了走读利大于弊的种种借口，企图说动他们换份工作或是改变分工，以便满足我的小心思。

我妈没有当场表态，而是和我爸商量了几天，才答复我可以试试，但有条件，要我拿规定的分数和名次来交换，若我达不到预期水平，就马上取消一切优待。初中物理是我的劫，不管怎么学都学不会，严重影响着整体成绩，我一度想要放弃。

而为了成为栅栏处的一抹亮丽色彩、一道被人羡慕的风景，我咬咬牙和家人达成了共识，争取翻越物理这座高山。

那时我的成绩在班级中不算出彩，但也不是很差，稳定居于中游。小院里总共住了四户人家。有两户的孩子是我校友，分别在不同的班，而我常是三人中排在最末的那个。

他们用成绩碾压我的同时，也增加了我对菜市场的厌恶，好似不如意和挫败都源于那里。一想到他们爸爸有销售家具的，妈妈有在大企业坐班的，工作体面、收入丰厚，而我爸妈是个菜贩子，每天要靠一车菠菜、西葫芦、番茄、苦瓜来维持生计，我的分数还不如他们高，我就抬不起头来，心里很难受。

这种难受仅持续了两周就慢慢减轻了，因为我妈为了庆祝我这次排名提高，给邻居家都送了菜。左边住的那户男孩秉持着礼尚往来的原则，给我拿了几个苹果作为回礼，用礼貌又真诚的语气说："真羡慕你家应有尽有的蔬菜，想吃什么随手就能拿到。你爸妈也挺厉害的，自主创业并坚持了这么久，风雨无阻，真让我们佩服。"

在此之前，我从未认真思考过爸妈所为究竟是什么，也不曾把"自主创业"这种高大上的字眼与其连接起来，只觉得卖菜是个可以随时收手的小本生意，而且这生意又小气又市井，为了一捆菜在市场上讨价还价，衬得人也斤斤计较，根本拿不上台面。

那天晚上我爸出摊回来，带了个音乐盒，给我之后没吃饭就进屋睡觉了。我妈说他虽然累了一天，但还是特地去商店买了礼物，奖励我的进步。美妙音乐响起的那一刻，我仿佛连人带心被一股魔力定住，流淌出来的曲子游走在我的周围，悄无声息地洗涤着我的灵魂，冲刷走我沉积已久的偏见。

看着家里的摆件，我突然想到我所用的书架是爸爸亲手打造的，脚上正穿的毛线拖鞋是妈妈一针一针钩出来的，他们踏踏实实凭着良心和双手赚取利润获得尊重，我却一再看轻他们。我把内疚打包藏在心底。

但细心的妈妈还是从我的反常行为中瞧出了端倪，在我连熬几个大夜学得废寝忘食时走过来说："你以前一回来倒头就睡，最近不仅不嚷着学习好累，还学上了瘾，受了什么刺激？"我没敢说实话："又快考试了，我加把劲冲一冲，说不定就能拿到奖学金了呢。"

赢过院里的两个同学，我爸妈自然而然会被人高看，尽管我知道他们从来都没觉得自己所做的事情低人一等，是我自尊心作怪，强行认为灰头土脸的工作会被人看不起，但我还是想象他们一样，尽自己之力，通过我的双手为他们赚来羡慕和赞美。

我不再抗拒去菜市场，周末也会抽出时间去搭把手。我妈一开始看到我出现，还误以为我是送东西，送罢就让我走，听到我说"学累了，过来歇歇脑子"，才明白我有意改变自己，是在试着与他们同行，有心为家庭贡献一份力。

卖菜人家中也有个姑娘在帮忙，我妈说她年纪与我相仿，在另一所重点中学就读，成绩也是拔尖的。她利索地把顾客需要的菜放在秤上，三下五除二就算好了账收好了钱，熟练得像个日日混迹于此的老手。

收摊之际，我正在帮我妈分菜，姑娘拿了一串马泡瓜递给我，说菜里面混进去的。我妈说她自己能行，让我们到边上聊天。我问她是不是经常来这儿，会不会觉得格格不入？她眯起眼睛笑道："具体时间不固定，但保持着每周一来的习惯。平日我忙于学习，父母忙着进货卖菜，各做各事，交流很少，我加入进来，既了解和体会挣钱的不易，也变相着陪伴。"

被困在青春一隅的内疚于心湖中波动不止，我捏着光溜溜的马泡瓜，最终还是张开了嘴，放思绪自由："这里的他们虽然吵吵闹闹，但快乐自信、自力更生的人是最光荣伟大的，而在一段时期内，我居然认定这份活儿低贱，不配被人知道，还避而远之。"她"扑哧"笑出声来，拍拍我的肩膀说："我也一样，曾迷失过心智。都是自尊心在作祟，导致年轻的我们路过一片青春期的湖泊，便认定寻到了生命之泉，殊不知只是海市蜃楼。走出成长的荒漠后，我们自将脱胎换骨。"

青春留下一洼湖心的印记，我们却不顾一切拼了命地追逐。幸好时间足够强大，能击退莽撞无知的风沙，带我们找到正确的路。

1

遇见"眼镜哥"，是在高二漫长又肃杀的冬天。

一个因为学习压力而失眠的后半夜，我一时心血来潮，想看看凌晨4点的学校。直到紧闭的校门点醒荒唐的自己，我才后知后觉，整条街只有饥肠辘辘的自己。

学校门口通常不缺早餐江湖，但白昼的热闹还未拉开序幕。

此时，所有小吃店门户紧闭，唯有一束暖黄色的灯光点亮了街角。

这是一家新开的面馆，缭绕的烟雾中，戴着一副黑框眼镜的中年老板正忙着制作肥肠、排骨、牛肉等各种臊子，为一天的营业做准备。

"还没到营业时间吧？"我走近询问，并不抱太大希望。

眼镜哥从忙碌中抬头，停下切菜的动作，笑着挤出眯眯眼："进来坐吧，臊子还没炒好，我先给你下一碗素面。"

几分钟后，一碗热气腾腾的阳春面出现在凌晨的餐桌上——不得不说，这是一碗很走心的面条。

作为寒风中的慰藉，老板不仅贴心地盖了一个煎蛋，而且只象征性地收了我一块钱。

热情善良的眼镜哥守着充满烟火气的小店。自此，我成为这家面馆的常客，并亲眼见证：在他的悉心经营下，不到一个月，面馆就在小吃店林立的学校门口杀出重围，生意、口碑越来越好。

香味点亮
旧时光

❀ 程则尔

即使是一个普通人，也可以谱写自己的史诗。

2

争分夺秒的高中岁月，一碗出锅快且物美价廉的面条，最适合一穷二白的少年作为早餐首选。

光顾次数多了，我和眼镜哥熟络起来，路过时打包一份面条成为我每天入校前的

习惯。偶尔因为犯迷糊忘记付款，眼镜哥也不计较；而对于当天的面条要加什么臊子，我则交给眼镜哥全权决定，用每天开盲盒般的惊喜，为枯燥的高中时光添一点儿期待。

周六没有统一的晚自习。有时，晚自习结束后，我会去面馆透透气、加个餐，顺便近距离欣赏眼镜哥煮刀削面。"大碗还是小碗"的询问刚刚落地，灶台前已是薄钢单刃，锋走轻灵，面条瞬间四散，争先恐后地跳进滚滚汤池；舀配料的小勺子灵巧地游走在每个碗上，挖出酸，掏出咸，只消须臾便完美调和；浇两勺骨头汤，熟透的面条适时起锅，再欢快地撒一把香菜和葱末，一碗热乎乎的面被地端到食客面前。

校门口的其他面馆，柴米油盐精打细算，加牛肉时勺子抖了又抖，生怕多加半片。

眼镜哥则慷慨许多，盖一层若不过瘾，再盖一层也不要紧，你只要想吃，他就敢放。此外，只要是穿着校服的学生来吃面，通通便宜一块钱。

生存的压力容易磨损人向上的动力，没生意时，其他小吃店老板就聚在一起聊天、打牌。

在这种大环境中，眼镜哥显得格格不入，颇有孤芳自赏的意味。闲暇时，他选择靠墙看书，把《家常川菜 60 例》《绝密煲汤 80 招》等书研究得津津有味。

我调侃他："煮面能有多复杂？"他憨厚地笑了："我想煮出最好吃的面，把连锁店开遍全城。"

即使是一个普通人，也可以谱写自己的史诗。

3

高三前夕，为了抓住青春的尾巴折腾一次，我的"创业梦想"燃烧起来。我在学校偷偷卖起了泡面。

在同学们让我一并提供开水的强烈要求下，我把目光瞄准了校门口的餐馆，希望有老板能每天供应给我一壶开水，月底统一结算费用。

一家家求助过去，无一例外遭到了拒绝。大家忙得焦头烂额，谁都没有精力为一个没什么消费能力的学生耗费太多心思。

求助到眼镜哥这里时，我撒了个谎，说我最近病了，需要喝大量开水。对方豪爽答应，还婉拒了我执意要付的费用。

班上不乏也喜欢光顾眼镜哥面馆的同学，我的秘密仅半个月就不幸被揭开。

我红着脸到店里道歉，新来的女伙计恼怒地抱怨："我们每天提前 10 分钟起床帮你烧水，结果培养了个竞争对手……"她的委屈还未倒完，就被眼镜哥打住。他对我的笑容一如往昔："别往心里去，需要开水随时来拿。"

如果说善良和宽容是我触摸到眼镜哥的某些方面，那么高中尾巴上的深入交集，则让我对他的了解又加深了一些。

高三下学期，为了节省路上的时间，我决定在学校附近租房。通过眼镜哥的热心介绍，我选择了他隔壁的单间。

刚搬进去几日，总能隐约听见悠扬的钢琴曲，某一刻我吃惊地发现，这些音乐居然是眼镜哥播放的。

贝尔曼、理查德……看见他跟我分享从流动商贩处买来的 CD，我投去同情的目光："网上什么音乐都能下载，完全不需要花冤枉钱。"他尴尬地笑了笑，表示自己不太懂互联网。

我环视他简陋的房间，只有一台小电视和半柜子的烹饪书，看得出他是一个节俭惯了的人。

结束一天的奋斗，回家洗去一身的油烟，研究几页菜谱，在钢琴声中细数今天的营业额，畅想明亮的未来——亲眼看见一名小商贩的努力后，我在书山题海中产生的浮躁心绪慢慢消失，我开始相信生活不会辜负每一个平凡的追梦者。

天未亮的清晨，眼镜哥轻轻关门的声音提醒我一天的战斗即将开始；月明星稀的夜晚，悠扬的钢琴声与我背诵单词的声音交织在一起。

一堵墙隔开不同的身份，书桌与灶台是各自不同的战场，但我们的人生都在伸向一个明亮的未来。

4

时光忽而已过去 10 年，定居他乡的我终于过上了年少时渴望的生活。

新的城市灯火辉煌、美食遍地，但很难再遇见哪家面馆能把一碗素面做得像眼镜哥的那么好吃。

那些年，避风塘奶茶物美价廉，几块钱就能买一点平淡生活里的甜；校门口的书店里有琳琅满目的图书、杂志，给生活半径极小的小城学子一个看世界的望远镜；李四姐灌汤包出炉迅速，一点儿都不耽搁分秒必争的早读时间……这是一个个陪我度过艰难成长岁月的坐标，给被试卷覆盖而苍白单调的青春回忆，绘上一笔笔鲜活的色彩。

旧时光里的青春香味，送我们去往远方。

我们从来没有想过用发现爱的眼睛去凝视自己，而不是凝视拥有各种光鲜标签的他人。

不会写诗的 女孩

❀ 曾诗颖

读高三的时候，教室外长长的走廊是我们一众女生的心灵栖息地。我们总是紧紧抓住短暂的下课时间，从椅子上弹射而起，奔到走廊，手搭着栏杆，从对方今天的穿着打扮聊到早晨的倾盆大雨，从昨晚校园内坏掉的路灯聊到上周的美食节。

如果吃完晚饭返回学校，发现距离晚自习正式开始的时间还早，那操场上又会多出几个蹦蹦跳跳的年轻身影。我觉得这种放松并不是贪玩，也不是放纵自己。恰恰相反，在我们延伸到天南地北的话题里，总是离不开学习，特别是离不开高三（1）班那个会写诗的女生。

高三的试卷数不胜数，语文老师每隔一段时间就会将优秀的作文打印出来作为范文材料。而在晚自习分发这些材料之时，不管是在做数学题，还是在背英语单词，我们这些不会写诗的女孩都会抱着猜测和期许审阅文章下的署名。

其中，"余可悦"早已成为我们熟记于心的名字。在我们对时事新闻不甚了解的时候，她写的时评登上了报纸；在我们疲于应付老师布置的作文时，她在好几个大型作文比赛中获得了不错的名次；在我们咬着笔杆表达不出心中所想的时候，她的笔下"流淌"出动人而意蕴丰富的诗。

对青春期"为赋新词强说愁"的我们来说，会写诗是一件不可思议且又了不起的事情。她的名字是一个停留在我们心中的长长的符号，吸引着我们想要一睹那些有生命力的文字背后，是一副怎样的真容。那个会写诗的女孩，我们都想见一见。

而关于她的八卦先一步传开：一个很受欢迎的男生向她表白，被她礼貌地拒绝了，并附上一句"我很喜欢《致橡树》这首诗，希望我们都能作为树的形象和更好的自己站在一起"。舒婷写的是"我必须是你近旁的一株木棉，作为树的形象和你站在一起"，而余可悦把"你"替换成了"更好的自己"。

那段时间，我们正在激烈地讨论着博尔赫斯的那首《我用什么才能留住你》："我用什么才能留住你？我给你贫穷的街道、绝望的日落、破败郊区的月亮。我向你献上一个久久地望着孤月的人的悲哀。"

青春期对异性懵懂的喜欢，是一个激发各种感伤情绪的开关，我们以为，喜欢就是这样不可或缺的、带点儿伤痛的美丽，仿佛遥望高高在上、永悬于空中的月亮。我们从来没有想过用发现爱的眼睛去凝视自己，而不是凝视拥有各种光鲜标签的他人。

后来有一天，距离上课只剩 8 分钟，由于饿意作怪，我和一个其他班的朋友一起冲下楼去食堂吃东西。在飞奔的路上，朋友口中冒出了"余可悦"三个字。我放慢脚步，顺着朋友打招呼的方向扭头看去，发现是一个长相很甜美的女孩。她正咬着

一根火腿肠，不方便开口，就大幅度地朝我朋友挥了挥手。

我接着加快步速向前，疑惑朋友居然认识这个被我视为"女神"的人物，在交谈中不由得又回头偷偷看了余可悦一眼。那位校园诗人小小的背影缩成一个可爱的、快乐的圆点。我暗暗嘟囔：原来，会写诗的女生也不用看起来很聪明、很文艺、多愁善感，她看起来也是普通人啊。

尽管我不曾走近到知晓她隐秘心思的距离，但她显然和我们想的"小说女主"不一样。比起缥缈的浪漫，她身上更多的是能将平淡写成诗的浪漫，享受生活，从中得到温和的快乐和自在的幸福。

我想，原来不会写诗，也没什么大不了。生活不是命题作文，更没有标准格式。在同样的作文纸上，每个人都可以写出属于自己的精彩文章。我不再把自己硬装进诗的格律，不再生搬硬套各种名词、动词、形容词。

我将这样的想法分享给其他不会写诗的女孩，得到了另一种层面上诗意的赞同：我埋头踏踏实实地做我的数学题，一做就是半小时；她对着镜子练习舞蹈的基本功，拉伸身体到位后再继续下一步；她拆掉美甲，修剪好指甲，在钢琴的黑白键上弹出彩色的音乐……

这么多年，我们始终是不会写诗的女孩，但我们在人生答卷上按自己的心意认真作答，一笔一笔把生活描绘成了不同主题、不同风格的诗。

我的愿望是
你可以成为骄傲的人

✳ 张晓晗

你就是改变我人生的人，你让我相信，人生是可以通过努力改变的。

我爸妈都是超级"学霸"，他们是那种完全不理解学习是一件费力的事的人。在这种情况下，高三那年我只能自寻出路，连数学家教都是我自己找的。

怎么找的？过程非常"狗血"。我去复旦大学后面的一家小店逛，看中一个小熊钥匙扣，拿起来看了半天。突然，一个黝黑高大的小哥飘到我身后，冷冷地说了句："买吧。"我疑惑地问："为什么要买？"他拿过小熊说："你看，它很精致，连肚脐眼都做出来了。"当时我被他的"脑洞"震惊了，就在人群中多看了他一眼。我说："那我买，能打折吗？"在商量打几折的过程中，我们聊了一会儿。我得知他是个学法律的高才生，一直给别人做家教。我就说："我的数学成绩太差了，可能考不上大学了，你能来给我当家教吗？"他说："能，给钱就能。"我说："好，下个礼拜开始来给我

上课吧。"

就这样，我有了人生中的第一个家教，也是唯一的一个家教。

家教小哥第一次来的时候，让我做了一套数学卷子。他看完我做的题之后，放下考卷，问我："你的目标是什么？"我说："一本。"他又看了一眼考卷，想了想，说："不可能，遇到我之前不可能。"接着他说了一段奠定我们同舟共济的关系的话："在这一年里，我们就是划同一条船的人，无论遇到多大的风浪，记住，我始终和你共进退。如果你没达成目标，也是我的失败，所有的补习费我都退给你。你再说一遍你的目标，我们就正式开始补课了。"

我颤颤巍巍地又说了一遍。他说："好。"然后抽出了第二张考卷。

他每周都给我制订一个关于数学的学习计划，要做哪些卷子，讲哪些知识点，

还有一些答题的小技巧。他当时大三了，距离他高中毕业其实也已过去了三年，每次给我带来的考卷他都会提前在家做好，了解了我之后，每道题都会按我习惯的理解方式来讲。他还会有一些很特别的奖品，几乎都是那家他兼职卖带肚脐眼的小熊店里的东西——小本子、暖脚器、神奇的橡皮，每次都包装好，他走了我才能拆开看是什么。这种教学模式，让我找到了一种小学生很想要老师发小红花的白痴状态。

我问他："你觉得我现在行吗？能考上一本吗？"

他说："你行的。"

我说："大家都觉得我不行，而且不知道我为什么要考一本。"

他说："或许大家都不太了解你为什么要努力，可是我明白，想赢的理由不用说给任何人听，你自己知道就好。我们就是要追求一生骄傲的人啊！所以，努力吧，小张。"

说完他就骑着车跑了，让我自己走回家。走回去的路上我拍着路边的栏杆，一直在跟自己说："张晓晗，你可以的，你可以的。"说了两百多遍，就走到家了。

家教小哥也有把我"骂哭"的时候。其实也不是真把我骂哭，就是我有几次考试成绩不好，精神比较紧张，他说我两句我就哭了，我还把卷子撕了。哭的时候心里想着：太累了，努力真的太累了，就这么趴下认输算了。休息一下吧，放弃吧，别这么努力了。

我哭的时候，他在一边什么也不说，看我不哭了，才问我："哭完了吗？"我说：

"哭完了。"他从包里抽出一套新的考卷，说："还好我多复印了几份，接着做吧。"我说："我不想做了。"他点点头，问："那你想好了吗？想好要放弃的话，我现在就走了。"我不敢抬起头来回话。

他接着说："放弃的话也没什么，我们之前的努力白费都是小事。重要的是，你的毅力也要从零开始。如果一件事能这么轻易放弃，之后的每一件事，你都可以轻易放弃。如果你坚持下来了，你就有了一次克服困难的经验。坦白地说，高考不能决定任何人的人生，但是这个选择，决定你将成为什么样的大人。你也快18岁了吧，是该学学怎么当大人了，做个决定吧。"

接着他从包里拿出了一个文件夹，里面都是我之前答的考卷，上面密密麻麻都是他做的批改，每次批改后旁边会有一个标注——我做题的弱点和克服的办法。还有之后给我准备的考卷，每份都复印了好几份。他说："只是撕了一份而已，我每次都给你准备5份。我知道这种情况会发生，但是我没想过放弃。我每次都做好了等你哭完5次的准备，因为我不想当不负责任的大人。"

现在想想，当时他也不过21岁，比我现在还小。

他说完，我就低着头，沉默了十几分钟，然后默默地抽过一张新的考卷，重新拿起笔来。那是在补课的一年中我印象最深的一节课，那天他就这么陪我耗到了晚上11点。下一次见面，我还有点尴尬，他却再也没提起过我哭着撕掉考卷的事。

高考前最后两个月，小哥给我带来了

8套高考模拟题，模拟高考场景让我做，然后现场改卷。最后一次做完考卷，他把卷子递给我，就说了一句话："我们今年的愿望要实现了。"我有点蒙，问："你今年的愿望是什么？"他说："我今年的愿望就是你能考上一本，去你想去的学校。"

嗯，怎么说呢，那一刻我切身感受到，我不是一个人在战斗。

高考成绩出来后，我的第一个电话就是打给家教小哥的。高中三年，数学考试我及格的次数不超过10次，高考数学满分150分，我竟拿到126分。这算是我人生中一个不大不小的奇迹吗？

当时在电话里我没有像预想中一样大哭，反而是和他各自大笑了几分钟。他说："恭喜恭喜，你得请我吃饭啊。"我说："好。"之后就挂断了电话。

后来吃饭，他喝了点儿酒，倒是真哭了。他说："有件事我一直没有告诉你，其实我是个高考的失败者。"看得出他为说出这件事，挣扎了挺长时间的。他告诉我，他其实谎报了学校，他上的大学并不是他说的那所大学，但是因为要出来做家教，所以他都是谎报学校的。

上高中时他是班里成绩最优秀的人，但是高考失败了。他没有考入他预期的任何一所大学，滑到不知第几志愿，他又太想赚钱养家了，便没有复读。

他哭得我手足无措，18岁的我也不知道怎么安慰人，手里握着烤串儿，说："没关系，没关系，我根本不记得你上的是哪个学校啊，而且不管你上哪个学校，你都是最棒的家教，我这辈子唯一请过的家教

就是你啊！"

我没有说出来的话是，我其实早就在人人网发现了真相。我的选择是，始终没有点下添加好友按钮，而是让它成为我心底的秘密。那个时候我就觉得，我们是同一条船上的伙伴，帮我划船的是他，他做得很棒，我干吗在乎他上船之前是卖鱼的还是卖虾的。我也希望，自己能成为他人生中一个小小的奇迹。

最后他抽抽鼻子，第一次像他这个年纪的男孩，说："所以才这么努力啊，所以才不能让你放弃啊，我今年的愿望其实是你可以成为骄傲的人，并且不用说谎。"时间过去太久了，我忘记自己是一笑而过，还是也跟着哭起来。彼时彼刻，我们应该就是两条共同翻身的咸鱼吧。

他说得很对，想赢的理由放在心里就可以了，不需要跟任何人解释。

之后，我换了几次手机号，就再也没有了他的联系方式。

我果然才是那个薄情寡义的混蛋，7年过去了，我没有说过一次谢谢。一次都没有。

那么不如在今天，说出我当时那么想赢的理由吧。

因为18岁的我啊，不想让你失望，想成为你的骄傲。现在的我，也可以信誓旦旦地说："你就是改变我人生的人，你让我相信，人生是可以通过努力改变的。"

我的故事到这里就讲完了。在任何境遇中的你，拼尽全力去赢吧！理由放在心里，我只希望你打完胜仗后云淡风轻地跟我说一句：我不过是想赢。

（摘自《少女，请回答》）

一

我十四五岁时，不懂得打扮，因为学校里大多数人都不会。

我们学校是一所乡镇中学，打扮是长得漂亮的同学的特权，换作长相一般的，会招来他人无尽的嘲笑，比如栗老师。

没错，这一约定俗成的规矩，对老师也适用。

栗老师40岁出头，不高，很瘦，高度近视，脸上的雀斑多到数不清，跟好看一点儿都不搭边，但她是最爱打扮的，比英语老师还夸张。大家都这么认为，而我的看法不同——"她是最会打扮的！"

这话使我成为众矢之的，瘦瘦高高的小眼睛同桌总以此调侃我。

我坚持己见，绝不是因为我当了语文课代表，且是栗老师"钦点"的，而是因为她每天都系一条艳丽的丝巾，颜色总是很花，颇似如今流行的晕染风，因此很难准确辨认，她是有一条还是有无数条丝巾。

我在村里长大，对缤纷世界没多少认知，那时觉得，她是最适合系丝巾的人。

除我之外，其他同学都看不上她的穿搭，每天她一进教室，教室里就是一片嘘声。甚至有人给她取了"Mrs. Li"的外号，只因她比教英语的李老师穿得更花里胡哨，她竟也笑着接受了，说这外号听起来很时髦。

尽管如此，我猜想大家并不是因为她

后来便习惯了，在失意时回味她带给我的光芒，咀嚼人生中的高光时刻。

亲 爱 的
栗 小 姐

❋ 桑 枫

的穿搭而讨厌她，而是因为语文早自习。

《红楼梦》里的那些诗词，我们背了整整一个学期的早自习，可到期末才知道，考试压根儿不考这些。有同学气急败坏地质问我，可我只不过是负责往黑板上抄诗词。

直到考进一中，我才渐渐发现，自己大概是全校唯——个会背《红楼梦》诗词的人，老师因此对我这个"村里娃"刮目相看，同学们也用半分赞许半分倾慕的眼神看我。我很熟悉那种眼神，是"你很时髦"的肯定。

为了让自己更"时髦"，我囫囵吞枣地读了一遍《红楼梦》。

读到《葬花吟》时，我惊奇地发现，这首诗我竟能背得一字不差。揣摩了好几遍，我骄傲的小情绪变了味儿，恍惚能听到幽远的旋律，低沉寂寞。读到黛玉临终前烧诗稿那里，我哭了，对铺的室友爬起来安慰我："别看了，我妈说，咱们这个年纪不能看太多致郁的东西。"

这道理听起来好深奥，我怔了怔，合上了书，但脑子里不时冒出"可叹停机德"之类的句子，后来写作文时也拿来凑字数，万幸融入得还算巧妙，没因此丢分。隔壁班老师也记住了我，说我是熟读《红楼梦》的小姑娘，我心虚地接受了。

（二）

栗老师给我带来的影响不只是《红楼梦》。

初二的作文课，她开始教我们写小说，连载的那种。她讲得眉飞色舞："打个比方，假设小明转学后，班主任和同桌是大明星，为了不被小看，小明会做些什么？这就是小说的开头，剩余的内容请大家随意、尽情地发挥想象力。"

最后一句话让大家沸腾了，显然我们都忘了考试不能这么干。

小说课前所未有地激发了大家的创作热情，我们班的作文本消耗得很快。

每次领新作文本时，教导主任都感到好奇、不可思议，但我和一同前去的同学总心照不宣地回答："我们班作文写得勤！"

从那时起，我一直坚持小说创作。但对大多数同学来说，那可能是他们人生中仅有的小说创作经历。

即便到了"奔三"的年纪，在许久未见的同学会上，说起自己当年写的小说，大家顷刻间变得神采飞扬，聚会也因此热闹起来。

兴许是大家的创作热情过于高涨，有些同学甚至在数学课上也忍不住写，加之那时言情小说风靡校园，学校对此多有顾虑，栗老师便停了小说教学，改为写诗。

写诗就容易得多，把冰心的诗集和泰戈尔的诗集各读一遍，便能开始写。"看到什么，想到什么，就写什么，边模仿边写。"

写了还要讲评，不仅评诗的内容，还要评"颜值"，诗统一写在方正的卡纸上，按各自喜好用色彩装饰，类似手账，这样即便"憋"不出诗的同学也能热情满满地参与。栗老师的想法就是这么时髦、前卫。

她很偏爱我，每次我们组上台展示后，她就大声问台下："谁写的诗最唯美？""谁写的诗最有灵气？"

大家齐齐喊出我的名字时，我的内心波涛汹涌，羞耻大过欣喜。

我从来都不是自信的人，现在也做不到心安理得地接受夸奖。

直到踏入社会，每次深陷困境，被自我怀疑折磨得濒临崩溃时，我便竭力回想当时的画面，回想栗老师用时髦的"灵气"夸我，回想大家的一致认可，以此悬崖勒马，自我救赎。

那个场景，就是我生命中的光。

三

再之后，我和栗老师亲似密友。

我痴迷于读书，但零花钱只买得起5元一本的盗版言情小说。她知道后，把自家书房"搬"到我手里，《三国志》《三毛全集》、一些励志畅销书等，一一用报纸包好封皮，带给我。我争分夺秒地读，无心关注其他，很快眼睛就近视了，近视度数直接飙到300度。

等我配好眼镜，却再也没能见到她，据说她被调去了市里的高中。

我路过教研室，偷听到几句议论："栗老师还是更适合教高中……"

但连我都没有栗老师的QQ号，同学们对此很失望。

初三时，新来的语文老师极为严苛，复习课讲得很乏味。

新老师姓什么我没印象了，只记得她几乎没笑过，也常常训我，因为我总收不齐作业，早读听写时的声音也很小。

她对我说："你成绩很好，但不适合当课代表。"我没被打击到，因为我觉得不是我不适合，而是我跟她无法磨合，同学们也这么认为，所以最终她也没有换掉我。

我工作后，有一次碰巧听高考命题人的讲座，对一个观点印象很深刻："语文考高分的关键在于平时多读、多写、多积累、多揣摩。"我后知后觉地明白了栗老师的良苦用心。

就像分离终有时，甘美的回忆同样有限。

我曾妄想成为了不起的写作者，然后骄傲地出现在她面前。

但很快又知晓，这想法遥不可及。找她的念头，也一度打消。

后来便习惯了，在失意时回味她带给我的光芒，咀嚼人生中的高光时刻。

有朝一日，倘若我们在小城街角相遇，我希望能坦然拥抱她。再遇见，已是难得，没能出人头地又怎样，我曾是她最骄傲的学生，这一点无法改变。

我那个"95后"的练习生弟弟

❀ 闫晓雨

> 虽然说人生没有白走的路，可不同的社会经验与职业轨迹决定了每个人在未来要去的地方。

说起来，我和隋傲并无血缘关系。

我认识他的时候，他刚从中国传媒大学退学，又和北京的影视经纪公司解了约，学业与事业双失意。他叫我一声"姐姐"，其实他比我来北京的年头还要久。

他比我努力，比我能吃苦，比我情商高，为人处世上尽显周到。

每次见面我们对彼此认知的惊讶程度都会加深。去年年底，他从香港回到北京，我们在大悦城吃饭的过程中，他和朋友一直在聊这趟旅程的心得。我以为他们是去玩儿了，听半天，才知道这两个人原来是分别去广州、深圳、珠海和香港看了房产投资的情况。

"拜托，我像你们这么大的时候，整天都忙着玩儿，压根儿不会为未来焦虑。"

"姐姐，你现在不还是这样吗？"

我汗颜。

虽然隋傲总"怼"我，但我还是不得不夸一下他，他真的很棒。最早就是他刷新了我对"练习生"的认知。

一

隋傲十几岁的时候就从东北老家来到北京，加入某知名娱乐公司做练习生。公司在东三环，灯火通明，那里面年轻艺人们骄傲的脸庞就像是冬日里弥漫着雾气的玻璃橱窗，他们都在等待太阳出来。

练习生的日子不好过，许多男孩女孩都是背井离乡来的，更有甚者为此暂停了学业。但并非如外界传言，练习生都是有钱人家的小孩。至少我知道隋傲不是。

和经纪公司签约以后，意味着艺人的全部时间都归公司支配。他们的底薪极低，如果两三年之内没获得什么好资源，基本上就意味着和演艺事业无缘了。而且在此期间，艺人不得单独外出接私活儿赚钱。

没有社交，不能恋爱。

竞争激烈，机会难得。

看起来光鲜亮丽的造星产业，其实赌的是一种概率——投资青春的概率。艺人们，就像一个个标准化制造的产品，被精美包装起来，再端到大众面前。

这款不喜欢？那就换。

觉得差点儿意思？那就整。

隋傲，180厘米的身高，少年气的五官，搁在平常人眼里觉得还不错，放在娱乐圈里却绝对称不上精致。最要命的是他身上缺乏那一股"劲儿"。

艺人可以不够美（可以整），可以不够聪明伶俐（可以跟对好团队），但自己不能没有野心——红的野心，被同行、被舆论踩在脚底还不屈不挠往上爬的野心。

公司领导建议他去整容，他不想，领导就拿出娱乐圈那年的"四大小生"中的一个来鼓励他。

"你看那个谁谁谁，还不是我劝他早早做了'微调'……等你真正出名了，所有人都盯着你，那时再整就晚了。"

我听完这个八卦消息感觉特别不可思议，他们说的那个男明星可是我心里认定绝对没有整过容的呀！

所以在当练习生的第三年，只出演过几部不知名的网剧、微电影的隋傲，选择了放弃。用隋傲自己的话说，他不是这样的人，他对名利场没有欲望。

少年时做过的膨胀的、华丽的梦，在这几年的摸爬滚打里被现实逐个击碎。好在，他还年轻，他还有大把的时间去选择不一样的人生。

❀ 二

有一年夏天，我陪他去参加一部网剧的面试。他说这次试戏是给自己的一份告别礼物。

他要和公司解约，离开北京，回到东北继续上学，他想去读金融，不再学表演了。谈不上失望，就是觉得看透了这个行业，来来往往的人那么多，真正能出名的有几个？

虽然说人生没有白走的路，可不同的社会经验与职业轨迹决定了每个人在未来要去的地方，回顾这几年当练习生的日子，隋傲特别遗憾的是，没学到什么核心技能。

他突然意识到，为什么许多年轻艺人明知道前途无望还不选择放弃，就是因为青春这一庞大的"沉没成本"。而且练习生和其他职业不同，这是一个极度向内的职业，你要挖掘自己的闪光点，你要变好看，你要学会讨人喜欢。没有关注度就意味着没有所谓社会价值与个人价值。艺人们很难转行，也不会轻易跳槽，他们看起来站在时代的前沿，但他们的实际生活很大程度上已经和普通人的生活脱节了。

待得越久就越有执念，见惯了一步登天，就很难再选择柴米油盐。

如同上了赌桌的赌徒，赢的人想获得更多，什么都没得到的人宁可砸上全部身家也要喂饱那颗蠢蠢欲动的不甘之心。

最重要的是，如果不走艺人这条路，毫无技能的他们也无路可走。我忘了那天他试的戏叫什么名字，酒店的一整层都被剧组包了下来，外面是密密麻麻的男孩女孩，都很好看，一个比一个好看。隋傲试的不过是个男三号的角色，面试名单却打印了好几页——当然，故事的最后，隋傲没有被选上。

结束后，我和他，还有他的另一位朋友海洋，一起去吃了火锅。

吃饭的时候我开玩笑说："海洋比弟弟更适合这份职业呢。"

隋傲狂点头，说："是啊是啊，海洋为了演戏都发誓演不到男一号不谈恋爱呢！"

"我就不会咯！我还是比较想谈恋爱的。"他又说。

当然，隋傲并不会想到，在他放弃走练习生这条路之后没多久就遇到了自己的真爱。

确定要离开北京之后，他花了好大功夫和娱乐公司办解约，又从传媒大学退了学，回老家上学去了。我有点儿惋惜，其实他完全不必从头再来。

可他坚持要走一条和以往不一样的路，他很自信，也了解自己。后来这几年他就很少待在北京了，我们见面的机会没有以前多了，只是偶尔交流彼此近况。

❀ 三

短视频开始火了起来，有 MCN 机构（一种视频制作推广机构）找到他想跟他签约。他拒绝了。虽然也会拍着玩儿，但他不想再像做任务一样，带着强制性和目的性去做自己喜欢的事情了。

2018 年夏天，我们在世贸天阶吃饭。

他谈到自己在大学里面带团队创业，和过去做练习生的成就感很不一样，"创业"带给他的更多是安定、踏实和真实可观的报酬。

造梦的过程比做梦的过程更有诱惑力。

他还是很喜欢唱歌跳舞，没事儿时常去做个兼职模特啥的，但是抱着一种很轻松的心态。我们聊起"到底要不要把喜欢的事情当成全部"，态度出奇一致。这个世界上，并不是所有喜欢的事情都值得不遗余力地去做。

并且，弄清楚"喜欢一件事"和"喜欢一件事所带来的光芒"的区别，尤为重要。

但我想，作为家人，我支持自己的弟弟妹妹们去学习艺术、去参加艺考，但并不鼓励他们孤注一掷去做"偶像梦"。

前段时间，隋傲和他的女朋友一起准备考研，我去哈尔滨的大学开分享会，他们俩抽空来见了我一面，全程聊的都是学习、考研、择业方向和对未来的规划，恍惚之间想起 5 年前我们刚认识那会儿，走在北京的大街上，他说将来想要站在舞台上让所有人看见。

现在发现，原来只做一个人的星星，也可以这么满足。

这对小情侣是真甜，是那种不用开口说话、不用"撒狗粮"，都能看出来眼睛里只有对方的甜。分开的时候，我想到了那年一起去试镜的隋傲的那个好朋友，顺口问了句："海洋现在忙什么呢？"

"很久不联系了，前段时间听说进了一部 S 级平台的网剧剧组，搭档都很大牌。对了，人家现在不叫'海洋'了，改了艺名，说是有讲究的。"

/// 1 ///

长大之后，我似乎对"秘密"一词有了新的定义。最初我以为，除我之外无人知晓的事才是秘密，后来也习惯与不同的朋友分享不同的秘密，又感觉得到他人保守的秘密更为奇妙，因为那是我们关系亲密的证明。很久之后我才明白，还有一种"秘密"甚至未经沟通便已完成传递，双方都不曾说破却又心知肚明——那是一种无比珍贵的尊重、信任与默契。

我曾有一个留在 14 岁的遗憾。初中时，我喜欢好友圈里的一个男生。中考后，我约了包括他在内的几个好友聚会，庆祝毕业。作为活动的组织者，我提前给每个朋友手写了告别信，虽也算出于本心，但很大程度上是用来掩饰我想给他一封"情书"的私心。

他确实答应了我的邀约，聚会当天却不巧生病，没能赴约。手里的信一封封送了出去，看着朋友们纷纷发自内心地流露出惊喜，我却没能彻底欢欣。

我灰心丧气地把那封信带回家，随手扔进柜子。那个暑假我没能再约到那个男生见面，后来虽与他共同参加过同学聚会，却也找不到合适的理由送出那封信。或者说，我本身也不再有送出的欲望。

也许人与人之间总是来不及好好告别。

随着时间的流逝，我的情绪发生了微妙的变化。先前觉得遗憾，无数次渴望能

不同于我主动向朋友分享，而后再三叮嘱对方帮我保守的"秘密"，母亲不小心"撞破"了我藏着少女心事的"秘密"，却又不动声色地安放了它。

半透明的秘密与它的
代保管员

✿ 卿风向晚

将那封信传递，妄想只凭着短短几行文字，就能改变步入高中的我们渐行渐远的事实。后来竟然觉得庆幸，至少这样我还能以朋友的身份偶尔联系他。此时想到写信时的情景，我的心中满是懊悔和羞耻感。

青春期的心动总是自相矛盾的。关于表达心意这件事，我一时间生出无畏的冲动和勇气，事后又难免陷入自我怀疑。所以，时隔数月，我打开柜子找东西，再次瞥见那封信时，气急败坏地将它埋在一大堆零碎物件之下，恨不得再也看不到它，却又不忍直接扔掉。

/// **2** ///

高中时我搬了家，旧房子被卖掉之前，母亲让我回去收拾书柜。我并未多想。有用的东西早已带到新家，我记得书柜里只留了些不用的文具和不看的旧书，便回道："懒得去了，那些东西都不要了，您帮我扔掉吧。"

"回来看看吧，万一有用呢？"她又说道。我还是嫌麻烦，坚决拒绝了她试图劝我贡献体力劳动的"邀请"。

新家陆续收拾了半个月，一直是母亲在做收纳。她将一个内设带锁抽屉的衣柜分配给我，可我向来没有什么需要故意隐藏的物件，甚至觉得这样的设计多此一举。

我的生活节奏比初中时紧张了许多，学业更加繁重，社团活动也参加得更多了。我结识了更多兴趣相投的好友，也喜欢上了新的男生。当然，这一次的喜欢也没能

落地生根，同样是在同窗相处中悄然生长，又随着毕业的渐行渐远而无声消失。

学生时代的喜欢从来没能在我心里落下"白月光"一般的痕迹，我喜欢的，可能只是有限的时空条件下的某种"青春感"。

上大学后的某一个寒假，我与初中的朋友们聚会，其中一位朋友提起了当年我写给她的毕业留言，她说："信，我一直留着，前几天还翻出来看过。"几位朋友也纷纷附和，大抵是说我心思细腻或是说手写信很难得。我喜欢过的男生没有问"是什么信""为什么大家都有，我却没收到"之类的话，其余好友似乎也忘了毕业聚餐那天他没有来。

记忆就是一种会越来越模糊的东西，且其中的细枝末节本就微小到可以忽略不计。

不知不觉，我与他们已经是相识 10 年的老友了。若不是他们提起这个话题，我自己也差点忘了那个"遗憾"。回家后，我心中突然涌起好奇，想把那封未送出的信翻出来看看，才恍然发现我并未将其保管。左思右想，它大抵是被我"埋"在旧家的某个柜子里了。但我不死心，想问问母亲，却不知如何开口，总不能说"有没有见过我写的情书"吧……

我倏然灵光一现，回想起刚搬家时母亲交给我的小钥匙和衣柜里带锁的抽屉。我从未使用过那个抽屉，好在听从母亲的"号令"，特意收好了钥匙。抽屉很空，只放着两三个旧本子，而在最底下的本子下

面，竟然压着那封信！

/// 3 ///

看到信时，我既惊讶又激动，心中充满失而复得的喜悦，下一秒就忍不住嗤笑自己——信封上赫然写着那个男生的名字外加"亲启"二字，其上还画着一个硕大的爱心，好似生怕人家接过信时不知道是情书。这些我都忘了，至于信上的内容，就更不记得了。原来这封信从被收进信封起，就再未被打开。

我从未怀疑母亲私自看过信，甚至我自己也惊讶于我对她的高度信任。这大概是源于她一直以来对我的尊重所带给我的安全感吧！在成长过程中，她对我的生活很关心，却从不过度干涉。她偶尔会与我闲聊感情话题，却从不谈及具体的某个人、某件事。她像一位探访者，既足够了解我，又始终守护着我内心的私密空间。

至于那封信，我是 2014 年写下的，再打开，已是 2020 年，至今又是 3 年，9 年岁月倏忽而逝。我和信的收件人很久都没有联系了，我们在相距很远的城市里各自生活，以后大概也少有联系。

信上的文字没有我想象的"声势浩大"，大概就是我详细地描述了同窗 3 年他留给我的印象，并送上毕业祝福，结尾留下一句"我们永远是好朋友"。原来我的语句如此单纯，全然读不出情书的意味，落笔时小鹿乱撞、面红耳赤的模样却也不假。

如今再看当年的自己，只觉得可爱。

年少的时候，总是轻易将"永远"挂在嘴边。

我没有问过母亲，那封信她是从哪里找到的、是否打开看过，以及看到信封上的文字时有何感想；她也没有问过我收信人是谁、当时和我是什么关系，以及为什么信没能送出。时过境迁，我早已放下了对那个男生的喜欢，这封信也不再是我的遗憾，反倒让我后知后觉地感受到母亲心思的细腻，和她对我的理解与关爱。

不同于我主动向朋友分享，而后再三叮嘱对方帮我保守的"秘密"，母亲不小心"撞破"了我藏着少女心事的"秘密"，却又不动声色地安放了它。对这个秘密的真正持有者，她没有询问、没有调侃，而是小心珍藏了我险些遗落的情感证明。她"偷偷"帮我留下那封信，就像留住我青春懵懂的心境，留住那段浅粉色的光阴。

原来母亲早就埋下了伏笔——她明明可以直接处理掉，却叫我亲自收拾书柜的旧物；她没有说看到了什么东西，只说"万一有用"；搬家后她将新家唯一带锁的抽屉分给我，没有说里面有什么东西，只递给我一把钥匙。她大概也不会想到，那封信对我来说并没有那么重要，更不会知道我过了这么久才读懂她的暗示。

我很感激她的"一番苦心"，不过我并未打算就此事向她表达谢意。因为从某种角度而言，这也是她的"秘密"。

最清晰的脚印，踩在最泥泞的路上

✱ 韦 娜

每个人的选择都忠于自己。

我换了一份工作，在一家外企上班，听到新同事们用英语直接交流，我好生羡慕，却也无可奈何，尤其对我这样一个英语底子薄弱的人来说，短时间内提升英语，似乎太难了。

主管王凯看到我那么着急，说他可以帮我学英语，他以前是一家英语培训机构的老师，可以毫不费力地帮我把英语提高上来，但前提是我得配合他的要求。

王凯把要求写了一张白纸上，让我每天看那张纸，比如，早晨起来要拿出半个小时读英文，中午听英语广播，晚上睡觉前看单词。除此，内心还要保持简单，就是短时间内，什么都别想，就想"我要学好英语，一定要学好"。

结果，我坚持了不到一个星期，就气馁了。说真的，他的要求看似简单，但在执行的过程中，我却发现，日常琐碎会打破这些计划。比如你正背着单词，却发现还没有吃早餐；吃过午饭时，你想听英语广播，却困得睁不开眼睛；晚上睡觉前，躺在床上便呼呼大睡，自然会忘记所有的安排……

我把这些苦恼讲给王凯听，凯哥笑着说："你这些困难是每个人都要面对的，不只是你，事实上，决定成败的并非我们遇见的困难，而是我们在它面前的反应。"

面对困难，有人会妥协，有人会逃避，有人会换一个方向，每个人的选择都忠于自己。

原来，当年凯哥是北京体育大学的体育生。毕业那年，一场意外伤到了他的腿，那个暑假其他同学都在找工作，只有他一个人默默地躺在病床上，煎熬地过着。

好消息陆续传来，但都不属于他。大学毕业，丢给他的只有失望与遗憾。他意识到自己要为自己的前程做一个打算。

他一边规划一边嘲笑自己，突然觉得自己是那么无力、无能，身为七尺男儿，居然无法站稳，还要在这里谈论人生规划？

一怒之下，他拔掉手上正在打点滴的针头，看着流血的伤口而无动于衷。

此时，一个坐着轮椅路过他病房的女孩见状，赶紧喊来医生，为他包扎伤口。

她在他的病床前，与他分享自己的故事。

她是人大的研究生，正在读研二，本来要去美国做交换生，去那里读两年书。她一直觉得自己是世界上最幸运的女孩。一天早晨醒来，她却不幸地发现自己的腿肿了，一开始以为是劳累所致。后来腿越来越肿，妈妈带她去中医院按摩，当中医建议她住院治疗时，她才意识到事态的严重。

她只知道自己得了重病。她在这个医院住了很久，一开始也想过要轻生，后来却觉得人终有一死，想死得有尊严一点儿。

于是，她只好坐着轮椅，在病房里来回走动，帮助一些需要帮助的人。她说，自己并不是信因果轮回之人，但她依然相信善意的举动或许能帮到自己的来生。女孩是悲观主义者，她却想用仅有的力量帮助别人，换来一点儿乐观，以及生的尊严。

凯哥听到这里，早已被感动得不知所措。他开始自学英语，梦想成为某英语培训机构的英文老师。

他不再把注意力放在自己的腿上，每天早晨醒来，第一件事就是背单词，除了

睡觉，他醒着的时候都用来学英文。他逐渐忘记自己还是个病人，也不再羡慕那些毕业就能去做老师的人，他只期待自己赶紧好起来，可以去应聘某机构的英文老师。

直到他出院，他都没有再见过那个女孩，也不知她身患怎样的重病，以后会有怎样的人生。

终于，一切如他所愿，他成了某机构的英文老师，他一路向前努力着，每天上课时，他都会寻找与女孩相似的脸庞，他期待看到她，一直牵挂着她，却再也没有见到她。他的内心没有失落，反而有些不安。或许，从她开导完他，她便离开了这世界。

茫茫人海，某一束亮光照在我们身上，我们便成为另一个人。一个悲观主义者的内心悄然升起希望，一个几乎绝望的人开始向往梦想的生活，一个将死者开始去帮助尚有希望的人，而这就是女孩所说的有尊严地活着或死去吧！

我们总期待：人生啊，再平坦一些吧！命运啊，请不要给予太多我们无法接受的离奇！

可我们的双脚就踩在那泥泞的路上，平坦的地上，无论你的心有多么悲伤，只要双脚上有沉重的肉体，那脚印就能深深印在大地之上。它在告诉你，你来过，你曾在这里发生过故事，也曾在这里有过一段离奇的生活；你接受过命运的考验，曾跌倒过，后来从容地爬起来，拼尽全力地跑过去，虽然满身泥泞，却也无比精彩。

因为那清晰的脚印，就踩在最泥泞的路上，而能够落在地上的绝不是眼泪，而是我们一步一个的脚印。

有时候，人生的岔口就是从一个机会开始的，然后越走越远，再也无法回头。

❋ 陶瓷兔子

那个决定不考大学的**女孩**，最后怎么样了？

一个连学习都嫌累的人，是很难咽下生活的苦的。对于绝大多数人而言，受教育不是为了站上顶峰，而是为了不跌入谷底。

看到一个正上高二的读者给我的留言，说，看着现在高三的学长学姐每天都活得特别累，觉得这样的生活很可怕，看着他们在题海里苦苦挣扎的样子，压力很大。

她暑假在一家手机专卖店里做促销员，生意很好的时候一个月能赚到五六千，比她刚大学毕业的表姐挣得还多。

她问我，在这个时代，挣钱那么容易，上不上大学还有那么重要吗？

有太多的工作可以提供从前只面对大学生们开放的高薪和福利，即便是从前被人轻视的蓝领，如今也能轻易赚得盆满钵满。

年轻有太多好处，唯有短视是不可逃避的缺点。在我十几岁乃至二十出头的时候，也从没有想过什么看不清的未来，也不过是羡慕邻居的姐姐高中毕业就去做了销售，不仅不用读书做试卷，还可以穿着美美的制服和高跟鞋，每个月还有好几千的收入。

那个姐姐跟我家做了多年的邻居，上学的时候其实成绩不错，努力一下考个一本院校也不是不可能，可她觉得冲刺太过辛苦，早早地放弃了高考，每天只是在家学学化妆，跑到附近的店里去打零工，她爸妈都在外地，家里只有一个奶奶，拦也拦不住。

她那几年做得顺风顺水，听说签下了好几个单，家里的家具都换了新的，家属院里的老邻居纷纷称赞，说这孩子出息了，不比上过大学的差。

我大三那年，她失业，坐在楼道里的满地烟头中，叹口气，说："我们这种靠青春吃饭拿订单的工作，只要青春没了，就什么都没有了，你看看我，现在要怎么跟那些十八九岁口齿伶俐的小姑娘竞争？"

她在家待了大概两个月，四处找工作，碰壁，就在我快要放暑假时，听说了她要回老家的消息，她临走时来跟我妈告别，说自己还有两万块的积蓄，在城市里混不下去，希望在老家还能做点小生意，有个立足之地。

我们再也没有见过面。她换了手机号之后，就失去了联系。

我常常想起她，每当看到有类似"初中少女月入十万"的新闻，我都会忍不住想，那会是她吗？

她会是那少数幸运儿中的一个，还是会像更多藏在励志故事背后的农家少女一样，接受一场不太情愿的婚姻，然后在街角开一间小卖部，就这样终老呢？

我好希望她是前者，却也清楚地意识到，这种可能性微乎其微。

学识决定眼界，眼界决定格局，而格局决定人的一生。

当我们年轻的时候，太容易盯住一点蝇头小利，被一点利益蒙住双眼，以为生活会永远顺遂而青春永远不老。可是当你年逾三十，脸上的胶原蛋白都被雨打风吹去之时，跟身边甜美可人的小姑娘推销着同一款手机时；当你查出了脂肪肝，陪客户喝酒力不从心，而跟你同公司出来的年轻人端着酒杯侃侃而谈时，你又要怎么办呢？

我曾经跟一位做记者的朋友聊天，她说，她采访过许多生活在社会底层的、痛苦不堪而又无力摆脱的体力工作者，他们对生活的巨大惯性心有戚戚。我随口说了句，他们既然想要改变，为什么不能用业余时间去学点技能呢？

她用那种"何不食肉糜"的眼神看我一眼：你以为他们都能跟我们一样朝九晚五带双休？上班就是坐在电脑前分析一下数据、回回邮件、做个PPT？让你上班站八个小时，看你下班后还有没有精力学习！

生活的惯性是很可怕的，她说。

一开始，他们只是屈服于眼前的利益

和轻松，选择了一份门槛低、含金量也低的工作，然后在日复一日的简单重复中，一点点失去斗志和精力，随波逐流，得过且过。再找一个跟自己差不多的伴侣，两个人一起陷在生活的泥潭里，想要向前挪一步，都比登天还难。

生命依然在继续，生活却早已停滞了，停留在你无力改变的那个瞬间，往后的几十年，都是那一天的简单复制。

一纸大学文凭，不仅仅是敲开某个领域的敲门砖，还是人摆脱生活惯性的一个出口。

享受更多的资源，认识更多的人，拥有更多的机会，去摆脱之前那些碎片化的、短视的，甚至有些愚昧的观点。

有时候，人生的岔口就是从一个机会开始的，然后越走越远，再也无法回头。

我那位女友人公司的司机，有严重的腰椎间盘突出，却连一天假也不敢请，因为只要休一天假，就意味着全勤奖和补助都泡了汤，而家里还有要上学的女儿、没有工作的妻子和年逾七十岁的老母。

他可以跳槽到其他地方工作，却无法摆脱司机的职业，从长途车换到公交车换到商务车，所能做的只是在那狭小的缝隙里辗转腾挪。

那个男人，开了20多年车，在一线城市中，拿着四千出头的月薪，每天除了八小时的正常工作之外，有紧急采访，也必须随叫随到。

他花了自己两个月的工资，给自己上初中的小女儿报了一个数学培训班，他说他一定要供女儿上大学，不为了给他争气，只是想让女儿以后不必像他一样，只能困在这一种人生里，动弹不得。

这就是我为什么依然想要像个老古板一样，劝你好好读书，劝你去考大学，并不是因为打工妹就比别人低贱卑微，也并不是因为除了这一条路之外别无他路可走，而是我太清楚，一个连学习都嫌累的人，是很难咽下生活的苦的。而那张文凭，那个机会，虽然许不了你飞黄腾达，却也至少在你想要摆脱某种苦难的时候，能赋予你一点点的能力和资格，帮你推开一扇新的门，给你更多选择的机会，让你见识更大的世界。

一如我很喜欢的那句话：对于绝大多数人而言，受教育不是为了站上顶峰，而是为了不跌入谷底。

别让生活把你困在二十几岁。看不清脚下的时候，不妨踮起脚尖、伸长脖子，努力向远处望。

许多梦里出现的闪烁星光，那些广阔草原上遗留的嗒嗒马蹄声，甚至汹涌不安的狂风与波浪，都是这个宇宙赐予我的荣光。

一

初二那年，我经历过一个惊心动魄的夜晚。妈妈在小区里开了一家小超市，为了方便我写作业，单独架了一个小小的阁楼。很多时候，小小的我就窝在那个小小的阁楼里奋笔疾书，耳边不断传来楼下超市里人们聊天、打牌或打麻将的声音。

窝在这个少有人上来、带点嘈杂的小阁楼里，我倒腾起了一项大工程——交笔友。

那些年，杂志还是我们课余时间重要的精神食粮，纸页的边边角角装着全国各地的读者信息：一句座右铭后面，跟着一个人的地址、邮编和笔名。只需要给这个地址寄封信过去，这个笔友就算交成了。有段时间，我像着了魔一样热衷和陌生人交笔友，每天都要给天南海北的笔友们写信。长大后我才明白，这种热情只是表象，青春的心无非渴望着逃离这个三点一线、不是吃饭就是学习的小世界，去结交更多的朋友，去更广阔的世界里翱翔。

这个宇宙不大，
但只属于我一个人。
我想，这样也很好。

我的心略大于
整个宇宙

❋ 胡姚雨

就这样，大人忙大人的，我忙我的。每天放学后我最期待的事就是躲上阁楼，拆看新收到的信。不知不觉，信件越堆越多，"毁灭"的时刻也悄然逼近。

阁楼上除了我的书桌，还堆着许多商品。货架上的东西卖完了，妈妈就会上来拿。这晚她上来，不知怎么就关注到我那只鼓鼓囊囊的袋子，打开检查后，她勃然大怒："你天天躲在上面不做作业，就忙着给别人写信？"

我像一个被当众揭穿的小偷，呆立在警察面前。

妈妈将袋子里的信件一股脑儿抖了出来，我在紧张、愤怒、不甘的同时，深刻地体会到某种羞耻感……几分钟后，小区门口的垃圾桶，成了它们最终的归宿。

小小的阁楼曾让我感到温暖和安全，如今，我却觉得它像一个笼子困住了我。

这是第一次，我如此强烈地想要逃出阁楼，逃出妈妈的"魔掌"。也许只有变成真正的大人，才可能获得理想中的自由吧。

二

"小时候真傻，居然盼着长大。"这样一句俏皮又日常的话，点出了大家长大成人后回望童年时心头的百般滋味。

读到这句话的时候，我大学都毕业了。那时候，我刚刚结束"金九银十"的校招季，见识了"挤破头"去竞争一个心仪职位的海选现场，也亲身体验了海投简历，穿着并不合身的西装四处面试的疲惫。我每天回到寝室，第一件事就是记录今天面试过的单位。打开表格，有几家单位面试结束都过去一个月了，仍没有消息，我自觉地将那个表格填充为"橙色"，这表示失败。

毕业了，找工作了，无论怎么看，都算大人了吧。可躺在床上，我总是忍不住想，到头来，自己还是留在了一个充满束缚的小世界里——机会要靠等，时间要别人排，无论怎样用心表现，都可能被挑刺……所谓"自由"，真的是世界上最奢侈的事了。

我慢慢接受了一个事实：也许并不是这个世界太小，而是我自己太渺小。我曾以为自己可以像鱼一样跳出鱼缸，游向大海，却发现，其实自己连一个气泡都无法冲破。

我相信，那个阶段、那个年纪，有这种想法的人不止我一个。

在这种持续的低气压里，上天突然给我带来一个好消息：一家在我看来还不错的单位发来了录取邮件，正式接纳了我。我终于可以结束四处奔波的辛苦了！

毕业典礼上，院长挨个为我们拨穗，这轻轻一拨，就算是正式把我们送出了象牙塔。老师在讲话中祝福我们："海阔凭鱼跃，天高任鸟飞！"听起来，外面的世界真的很精彩。我怀着一种纯真的伤感，卷走了宿舍里所有铺盖，这时候才发现：我竟有些留恋起这个小世界了。然而逝去的岁月，早已经无法回头。

三

刚开始工作，收入不会太高。但收到第一笔工资的时候，我还是一分不剩地把钱转给了妈妈。那一瞬间，我有一种长大的自豪感。

又攒了一段时间的钱，我给自己买了一台笔记本电脑。用旧了的那台就留给了妈妈，够她平常看剧消遣了。

谁知，不出一个月，妈妈告诉我，留给她的笔记本电脑坏了。原来她嫌低头看电脑累，便把电脑架在了一个并不稳固的盒子上，盒子倒了，电脑直接摔在了地上。

虽然是旧电脑，可我在得知这一消息后，依旧感到了遗憾。

大学期间，我一直非常小心地保护着这台电脑，机身和屏幕一次都没坏过，加上我从不玩大型游戏，性能损耗也相对较小。我还在电脑上留存了不少求学期间的照片和视频，这一摔，谁知道这些照片和视频还能不能找回来？

我嘴上不说，心里还是有一股怨气的。妈妈本来就嫌盯着笔记本电脑追剧累，摔坏后也就没有去修，在她看来，那根本就是"花冤枉钱"。

这原本是一件小事，却在我的心上留下了一道微妙的折痕。

四

那天，我陪妈妈去逛街，很少用电子产品的她突然想买个平板电脑。

"我看他们都跟着抖音视频跳健身操，我在家没事的时候，也想跟着锻炼。"

我不假思索地发出了嘲笑："你省省吧，这些视频在手机上就能看。你买个平板电脑回去，到时又跟那台笔记本电脑一样摔坏了。"

妈妈好像忽然意识到了什么，声音跟着小了许多："我也就说说，不买了。"

当妈妈迅速说出"不买了"的时候，我愣了一下。忽然想起自己在那些年里违背本意又敷衍了事的说辞，妈妈这个"不"字，与我一样，也是妥协吗？

我被自己的想法吓了一跳。不知不觉间，我好像和妈妈互换了角色。我对她的否定，威力似乎比我想象中的要大得多。

又或许，这样的影响并非第一次，只是我第一次意识到而已。

原来，人的长大和老去一样，不是一个缓慢的、循序渐进的过程，而是生活中那关键的一秒或一瞬间。

当我意识到这一点的时候，妈妈已经在商场里走远了。

我心里有点难过，就像当初她管我、数落我一样，我管她、数落她，是不是也让她像走进了一个笼子，只能蜷缩起来，以沉默抵抗世界的狭窄。

我随之想起了好多微不足道的小事。

那些年，妈妈随时要为每一笔微小的买卖放下碗筷，出去给客人找东西或是收银。有些硬币不知在哪里打过了滚，可真脏啊，她还是若无其事地接过来。一顿饭的时间，她不知道要洗多少次手。妈妈也说过，有几次很困，可送货的人有事来迟了，她也得等，不然就补不上货。还有好几次，朋友们聚在店里嚷嚷着要打牌，"三缺一"的时候，妈妈便临时加入战局，即便满是困意也要顶上一阵，直到第四个人姗姗出现。

除了这些，更多是我出给她的难题——我出生了、中考了、住校了、高考了、去南京上大学了……每一次妈妈都忙得焦头烂额。表面上是她管我，可实际上，是我的存在束缚了她的人生，限制了她的道路。

两个月后，妈妈过生日，我悄悄地买了一台平板电脑，摆在了她的面前。

五

"这一切在我心里……而我的心，略大于整个宇宙。"读到葡萄牙诗人费尔南多·佩索阿的这首诗时，我已经告别青春期好久了。一读到这首诗，就觉得它好像是专门为我写的，或者说，它被写出来后，一直在那里等我，我也一直在等它。

佩索阿的诗句是多么轻狂、多么迷人啊。我的心不大，只是略大于整个宇宙。这句诗不长，却已经囊括我们的人生。

佩索阿是一位有趣的异想诗人，他虚构了好多人物的名字，并借他们之口来写诗，以至于让人觉得他的诗集是由好多人合写而成的。可以说，他也是一个心里有好多"小宇宙"的诗人。

我的心里也装着一个宇宙。以前，我会毫不犹豫地宣称，我的星辰大海，我的无边梦想，只有整个宇宙那么大的地方才装得下。如今，我走出了青春期，却发现这个宇宙依然在我身体里旋转。我知道，许多梦里出现的闪烁星光，那些广阔草原上遗留的嗒嗒马蹄声，甚至汹涌不安的狂风与波浪，都是这个宇宙赐予我的荣光。

但诗人说得对，这个宇宙，终究略小于这颗心。它躲在我安静的心房，偶尔调皮一下，挤进了右心室——无论躲到哪里，都是我心的一部分。

这个宇宙不大，但只属于我一个人。我想，这样也很好。

允许自己不是玫瑰

你要相信自己是一朵花，你有专属于你的味道。你要爱自己。你要允许自己不是玫瑰。

❀ 水云身

我是在父母的调料店里长大的。

小时候的我不懂事，喜欢在一排排货架中间奔跑、躲藏。油、盐、酱、醋、八角、花椒、桂皮调味了我的童年。长大后，我却对这些瓶瓶罐罐、片片粒粒避之不及，仿佛靠近一步就要被看不见的怪兽吞噬一般。从怪兽嘴里逃出来的孩子，会染上奇怪的味道。

这味道我早习以为常，可同学们不适应它。它钻进同学们的鼻腔中，蘑菇云一样爆炸，让他们打喷嚏、红鼻头，连连往后退。在他们的眼中，我似乎就是一只怪兽，一只可以被看得见的怪兽。

那个年龄段的孩子们觉得，抱团孤立别人是一件很有个性的事情。而我，就是他们张扬个性的出口。在我经过时，他们会不约而同捂住鼻子，窃窃私语，或者干脆小跑着逃开，好像我碰过的空气都会被染成黑色。

我也习惯了独来独往，体育课自由活动时，我一准识趣地退出人群。我知道，大幅度做动作，汗水如同泉水一样冒出来，与调料味渗透融合，会长出黏腻触手将人远远推开。而那些身上香香的女孩子一跑起来，空气中馨香流动，闻了像掉进云彩里。她们的肢体那么舒展，姿态那么优美，连阳光与微风都偏爱她们，为她们披上金色的光晕。

这些美丽的女孩们宛若一朵朵盛开在骄阳下的玫瑰，鲜艳、火热、充满活力。她们让操场变成了玫瑰的花海，香气随着清风一浪一浪地拍过来，拍得我头晕目眩。我站在艳阳下，心中却下起了倾盆大雨。

我在雨中看着自己的倒影，清晰地感

63

受到，我跟其他女孩不一样，我不是玫瑰，我不惹人喜欢。

我多么希望能像她们一样，在操场上怒放。不，不仅是操场，玫瑰在哪里都惹人偏爱。就像新来的英语老师，不施粉黛，脸上还有几颗青春痘，可所有人都喜欢她。她充满朝气，洒脱自信。从她身上，我们第一次发觉"长大"这件事，是如此令人心驰神往。

然而，没过多久，班里开始有人议论：她身上有一股怪味。是药味，还是消毒水味？

为了得到答案，上课时大家的注意力从她神采飞扬的脸庞，转移到她身上。靠近她时，大家刻意用力嗅一嗅，煞有介事地闭上双眼，再用唇语对好友说出答案。聪敏的她当然察觉到了异样，可她依然不动声色地俯下身子，为同学们答疑解惑。

每一次她为我弯下腰，我都向她倾过身子。我想用这种方式告诉她，我不抗拒她的味道。我太了解她的感受了，每次被他人用嗅觉探询后，慌乱和敏感会把漫天的白云一口吞掉。我多害怕她在阴雨中日渐枯萎。心房一直下雨的人，怎能勾勒出未来的模样？

终于，一节英语课上，她一身白衣，笑容依旧飞扬。她把英语书端放在讲桌上，拿起黄色粉笔，转身画出一条条曲线。吱吱嘎嘎，我们听到了时间的声音。短短的几分钟，我们都只是默默地看着她，不知道她要做什么。同学们屏息凝视，望着她的背影，也在耐心地等着她揭晓答案。

她放下粉笔，一朵花灿然盛开在黑板上，细细长长，花瓣微微卷曲。她告诉我们，这是忍冬。

她说，她父母开了一家诊所。从小，药味、消毒水味浸透到她的生命中，成为她身体的一部分。在别人眼里她像一瓶味道很重的药水，有她出现的地方，他们就捂着鼻子躲开她。

她说，她从不自卑。

"味道跟其他人不一样，这不是什么错。我没有不讲卫生，就无须因味道自卑；我没有罹患疾病，就无须因味道忧心。这味道存在的地方，为我遮风挡雨，为我换来学费、书本和漂亮衣服，我怎能怪罪它？每个女孩都想像玫瑰一样馥郁芬芳，可这世界本身就有千百种花朵，有的淡雅，有的浓郁。比如我，我觉得自己是一朵忍冬，初闻微苦，久处清香。"

她清脆的声音，把我从雨季中拖出来。那节课以后，同学们仿佛也看清，"黑色空气"后面的我其实并不惹人讨厌。他们不再绕开我，体育课上，还有人主动邀请我一起活动。

她的话把包围着我的不怀好意一口气吹散了，我的世界终于雨过天晴，碧空如洗。

临近毕业，同学们纷纷请她写同学录，我也一样。我说："老师，您帮我画一朵忍冬吧。"她不明所以，却还是微笑着应允。

我永远记得那天阳光透过玻璃窗照在她的脸上，她说："你要相信自己是一朵花，你有专属于你的味道。你要爱自己。你要允许自己不是玫瑰。"

一

周一早上，班上一个叫郭雪的女生迟到了，捂着头站在教室门口，弱弱地喊："报告。"

我赶紧让她进来上课。

结果，就听见有同学小声问："郭雪，你剪头发啦？"万万没想到的是，郭雪竟然当堂大哭，说自己再也没法见人了。我当时就觉得有点过了。不就是一个发型吗？我甚至都没看出跟她之前的发型有什么区别。

但是同学们的反应却比我强烈。课间，郭雪的几个好朋友走到她身边说："别伤心了，很快就会长长的。""你想想我被扔的那些海报，心情能不能好点？"

但郭雪的伤心、难堪丝毫未减，一整天都神思恍惚。尽管我几次悄悄提醒她注意听讲，可是，她全部的心思都在发型上，以至于我不得不仔细观察了一下那发型。也就是比从前短了，以及发尾参差不齐了一些，不影响整体形象，依然是一个好看的小姑娘。

可是，听了我的话，大滴的眼泪注满女孩的眼圈。这下我忍不住了，问她："郭雪，老师想知道只是剪了个头发而已，你怎么反应这么大？"

而且班里其他孩子的反应也很大，这是我最好奇的地方。

> 走向社会，无论他们拿到什么样的学历，至少他们学会了一种本领：安放自己的不开心，做自己情绪的主人。

我知道你们需要一个
树　洞

✽ 刘小念

结果，她再次哭了："老师，这是我昨晚睡着后，我妈拿剪刀偷偷给我剪的。天天穿校服，发型和鞋子是我们唯一能做主的地方了，可是，他们连这一点自由也不给。"

二

谁承想，郭雪刚开了个头，哗啦啦围上一圈孩子："郭雪，你妈这算啥，我妈不仅偷看我日记，还在下面写评语……""老师，你看我这鞋子，爸妈为了防止我臭美，一模一样的鞋子直接给我买了三双。""就因为我说想矫正牙齿，我妈死活认定我早恋了，审了一晚上。"

……

一时间，场面失控了。

我刚想批评他们，却无意间看到，其中一个男生说到他爸爸把他的手办全部送人时，掰断了手里的铅笔。

而那断掉的铅笔，和郭雪一天低迷的状态提醒我，也许该倾听一次这些孩子的心声。

于是，我临时将那节自习变成了班会，关起门来，给他们开一次吐槽父母大会。

我的目的很简单，心里积攒不满会影响他们的学习状态。或许，他们需要的只是一个倾诉机会。

此举获得了同学们欢天喜地的掌声。但很快，气氛就没那么欢乐了。

那天，最伤心的郭雪优先获得发言权："我妈从小就反对我留长发。昨天晚上吃饭时她心情不好，又气急败坏地数落我的头发像鬼一样。然后趁我睡着了，居然拿剪刀把我的头发给剪了。早晨起来我跟她理论，她居然说，你一个初中生天天想着怎么臭美，学习能好吗？我就不明白了，留个长发怎么就伤天害理了？就不能保留点自己的审美吗？"

一口气说完这些话，郭雪再一次委屈得满眼是泪。

这时，一个男生站起来说："你这算啥，就因为我洗脸时，多照了一会儿镜子，我爸妈审了我两个小时，怀疑我早恋了。"

"同款爸妈。生日收到礼物，我妈挨个儿问是谁送的？其中有两个礼物是女生送的，我妈就拐弯抹角地盘问女生名字，父母是干啥的，我喜不喜欢人家。感觉我如果不早恋一下，都对不起我妈。"

而话题一旦展开，自是滔滔不绝：

"无论是日常小考还是大考，只要我没达到 90 分，我妈就摔坏我的一个乐高。后来，还摔上瘾了，只要我做错点事，她就会拿着乐高威胁我。前两天，就因为我去打球，多玩了半小时，一进家门，她不问青红皂白，拿起乐高就摔。"

"你爸妈算啥，就在昨晚，我做完作业玩了一会儿电话手表，我妈就把手表摔了，幸亏还能用。"一个女生说这话时，我看到好几个孩子眼泪汪汪。

而这个女孩还不忘跟那几个抹眼泪的孩子说一句："哎呀，哭啥呀，我都习惯了，多大点事儿。"

那天的"吐槽大会"是家长们的大型翻车现场。

我默默观察了一遍，就连那些我印象里平时很注重教育方法，公认的"模范爸妈"也没能幸免。

父母都是学霸的周娜说，她爸妈每次在亲戚朋友面前说起她时，都会加一句："我闺女是正宗的学渣。"

那次班会，进行了一个小时。接下来是自习，教室前所未有的安静，个个都在埋头写作业，就连那些平时不守纪律的孩子都格外自律。

在那空前绝后的寂静里，我眼角微湿，心生感慨：生命最怕的或许不是误解和冲突，而是不被看见与理解。他们十几岁的生命也会有不能承受之重，也需要倾诉与被倾听。

作为老师，我应该给他们提供一个树洞，做家校之间那个绿色缓冲带。

三

从那之后，我在班级门口放了一个小信箱，就叫树洞。

我让孩子如果心里有什么不痛快，每天早晨来学校时，就写成小纸条，丢进树洞里。我会在早自习时打开信箱，然后送给他们一个安慰的眼神。

是的，有时候，一个被看见的眼神就够了。

那些纸条，相当有意思——"因为一张卷错了五道题被罚做了两张卷，凌晨一点才睡，明天终于有往树洞里吐槽的东西了。""又挨揍了，其实一点都不疼，明显感觉他力气没那么大了，心里也不再怕他了，反而觉得他挺可怜的，打已经不好使了，还能用啥招？""本来挺生气的，拿起纸来往上写这事时，突然就消气了。老师，就跟你皮一下。"

大人每天被各种情绪左右，孩子又何尝不是？

渐渐地，树洞里不仅仅有孩子们对父母的吐槽，也会有他们各种各样的烦恼。而我，也借此了解了他们真实的内心世界。

更多时候，我不能教育他们的父母，面对来自家庭的暴政，我能做的，就是努力帮他们排解，用一个眼神、一个拍拍肩膀的动作去抚慰。

郭雪后来去理了一个齐肩短发,上学时开心地对我说:"老师,感觉头轻了不少,做题思路都清晰了呢。"

我问她:"妈妈看了什么反应?"她嘿嘿一笑:"我妈都哭了,跟我爸说,孩子长大了,懂事了。她真是太夸张了。"说着,她抓了抓自己的短发,说:"老师,其实,爸妈真的挺好哄的,对我要求挺低的。以后,我再也不为这样的事跟他们较劲了,犯不上。"

这话,我一字不差地转达给了郭雪妈妈。那么干练的一个职场女性,听完后红了眼圈。

我也很感慨。父母之于子女的爱,总是有时差的,要做到换位思考,是何其难的事情。

而孩子们正处在青春期的关口,他们常常会把父母、老师当成假想敌。所以,我要为他们情绪的子弹找一个靶心。树洞,就成了最好的去处。

渐渐地,我发现这些孩子因为被理解、被看见而变得平和、开朗了许多。我和他们之间的相处,也发生了变化,用他们的话说就是:"变得丝滑了许多。"

有一天早上,我进教室时,将一张纸条塞进了树洞。

孩子们敏锐地发现了,纷纷问我:"老师,你怎么也有不开心的事啊?"我看着他们说:"当然啦,老师也是人类啊。"

他们就特别好奇,到底是什么样的事能让老师都找树洞了。

于是,我打开信箱,拿出自己的纸条,开始念:"被儿子气冒烟了,要不是碍于自己老师的身份,真想以武力解决算了。太生气了,决定至少一天之内不理他。"

听我读完纸条,孩子们脸上写满了同情与关心,纷纷劝慰我:"老师,你今晚下班回去,他就会跟你道歉的。""老师,连最难对付的我们你都能应付,弟弟自然不在话下。""老师,你可千万别对他动手啊……"

看着那一双双关切的眼睛,我所有的烦恼都抛到了九霄云外,内心充满了温暖与感激。确实,当我们的烦恼被别人了解且共情时,我们终将夺回对自己情绪的掌控权。

那一刻,我感谢这个神奇树洞的存在。

因为我深信,未来的未来,当这些孩子走出校门,走向社会,无论他们拿到什么样的学历,至少他们学会了一种本领:安放自己的不开心,做自己情绪的主人。

热爱生活的一万个理由

一朵云的美好

想跟你说起

云鲸帆

夏天来了，跟人说话，总想带着清凉的口气。希望是下午刚刚吃过雪糕的时候、课间喝了一口薄荷柠檬水的时候、脸上一点都不油腻的时候，我说的每个句子都能被时间捡走，长出藤蔓，青丝缠结，覆盖棚顶。

傍晚起风了，就想坐在棚底纳凉，看云。即使身边没有什么朋友，我也不难过。

只要有微风、暮色和过路的云，我就会傻傻地笑起来，很开心。

孤单的云，像谁手里的棉花糖不小心被大风吹到了高空；厚厚连片的云，犹如天空上的雪地，被自然神秘的力量按在上面。每一朵云，都仿佛一个飘在天上的梦，当我抬头，看见它们，就会想起自己做过的梦。

我从小时候起就迷恋着云，被它多变的外在深深吸引。从它那里，我看到了大鹏、巨鲸、宫殿，以及一张张人的脸，它的每一次变化都让幼小的我惊呼。记得父亲在山间照料果树时，偶尔也停下来望天，久久地看着云，看它们从一个山头翻到另一个山头。我常在想，是怎样的力量让它从远古时代留存到现在？又是怎样的力量让众生对它如此迷恋？

一朵云在不同时候有不一样的美，或稀薄，或浓厚，或缤纷绚丽，或长如丝带，或状如生灵。在浩大无边的苍穹中，它演绎着万千姿态，是芸芸众生在天空的投影。

读本科时，我曾约朋友看云。乌苏里江的水可真清澈，晴天里江水的颜色比天空还瓦蓝。大片大片的浮云飘得很低，一副悠闲的模样，飘过了国境线，无人阻拦。朋友说："它们可真自在。"我说："对云而言，天空是它的家，在家里，要走到哪个角落，当然都可以。"看着那些云，我想成为其中一朵，再轻再小，也愿意。我想飘往世界的各个角落，看更辽阔的水面，看更高耸的山峰。云给了我对远方的无尽想象。

在雾都重庆的那几年，我看不够缙云山上的云。从学校宿舍窗户往外看，那山，那云，仿佛多年前诗词中描绘的场景。云从山谷间飘出，向着高处的山线飞升，悠缓、从容，似仙人的羽衣轻轻遮盖着墨色的山体。浑然不觉间，羽衣的白与天空的白交融了，这样的场景宛如天地在交谈。大地开口，呵出白汽，等白汽抵达云间，正像它说出的话传给了上天。我愿迷失在云山深处，在自然清凉又温柔的身体里，不着急找出路，慢慢前行，红尘在云之外，时间也仿佛在外面。

毕业后的这些年，我过得并不如意，遇见的人不太善良，要做的事都不容易，现实以狰狞的面目看向我。我常常置身于令人啼笑皆非的时刻，失意过，沮丧过，会怀念独坐在故乡溪边的时候，于是索性回家。在一年多的日子里，我温习着村庄给予灵魂的宁静，坐在岸上，什么都不想。云像老朋友过来了，借着水色坐我身边，什么都没说，又仿佛什么都说了，都问了，一声声安慰也都给了。在它缓慢的移动中，在它洁净的色彩里，我宛如被水洗过一遍。

再次来到都市，在鳞次栉比的建筑密林里穿梭，一朵朵云陪着我度过每一天的清晨与黄昏。我看着它们由赭赤变雪白，再从雪白变金黄，变为绛红，如此绮丽缤纷，真让人开心。

人们获得力量的方式有很多，有人从音乐、电影里找寻喘息的须臾，有人从投资平台增长的数字中得到抚慰，有人从万古山河的辽阔间感受平和，而我是从云身上望见生命变化的喜悦。一朵云越过晨暮，越过疆界，越过风暴，越过一次次艰难，越过一次次聚散，依然在天地间留存着自己。

我也想成为一朵行走在世间的云，经历少年、青年、中年，来到老年，体貌在时间的搓揉下幻化，但依然能找见当初的踪迹，在眼神里，在笑意里。我一次次看云，也是在看自己。我终于在接近中年的时候感受到云的力量，这源于自身的纯粹，内心不空，自己也就坐在内心当中。看不见云的时候，我也知道它时刻都在。总有一朵云在天空飘浮，越过人世的边界，越过光与暗。

肉身或许沉重，人世或许无解，但停下步履看云的人，常会走出生命的围城。仿佛仰望着这世上另一个自身的形象，它从卑微处来，升腾到高空，不被束缚，轻盈自在。有风吹，它就飘，无风吹，就停在原位，没有爱恨，也未曾在意谁的目光。它是自然中最简单的形象之一，却让我觉得崇高。

想在一个夏天，坐在你的身旁，暮色渐起，有风吹来阵阵微凉的水汽和未名的花香，我想跟你说起一朵云的美好。

如果四周足够安静，我愿为你读一首诗，来自佩索阿的那首诗："当我和你一起穿过田野来到河畔 / 我看到的河流更美丽 / 坐在你身边看云 / 我看得更清楚 / 你不曾把我从自然中带走 / 你不曾改变自然对我的意义 / 你使自然离我更近了……"

这一刻，水边的柳枝环拥着我们。我们是被人世放归的两只羊，是落在地上的两朵云，和天空的每一朵云，都是这辽阔天地的儿女。

玩得好才能活得好

✳ 高　源

读书那些年，老师和同学们都知道我爱学习，可我也爱玩，这一点儿也不冲突。

我有多爱玩？就连课间争分夺秒跑出去上个厕所，都要停下来，欣赏几秒天空的颜色。

就连洗袜子都在玩：袜子五颜六色，晾晒时，我会根据颜色把它们一只只重新配对。粉色配白色，黄色配绿色，蓝色配灰色……多么和谐，多么有趣！有时如果觉得它们不想分开的话，我也会把同色的两只紧挨着挂在一起。

就连打扫卫生都在玩：在室外扫地的时候，我一会儿捡起一片落叶装进口袋，一会儿捏起一只小蜗牛，把它送去临近的花坛草丛；在教室拖地的时候，拖把像一支大毛笔，在我手中挥舞，一根根布条像湿头发一样甩起来。

就连写作业都在玩：初三那年，我的同桌是个写作业超快的学霸，我经常和他比赛写作业，拼速度，也拼质量。自习课的铃声一响，我们就埋头奋笔疾书，头脑飞速运转，精神高度集中。写完一张试卷，我偷偷瞥一眼对手的进度——啊，他已经写到第二张了！不行，我要加把劲儿！

就连吃东西都在玩：我热衷于尝试不同食物混在一起的复合味道，尤其是人们不习惯搭配的。有一次，山楂片在嘴里还没嚼完，我就喝了一口纯牛奶，顿时发觉这两种味道还挺搭，有点奇妙，便兴奋地推荐给其他人。还有一次，我把浓稠的酸奶挤在法式小面包里吃，味道非常惊艳，比其他含馅料的面包清爽美味多了。

只要是发自内心喜欢的，我玩起来简直是废寝忘食。记得十五六岁时的一个暑假，我沉迷于写诗，半夜醒来，第一个动作就是在床头摸纸笔，闭着眼，迷迷糊糊地把刚刚梦到的东西记下来。不少奇妙的想象和灵动的句子，就是这样写出来的。

我爱玩，不是无所事事地刷手机那种颓废的玩。我说的玩是一种心态，一种视角，一种生活状态：感兴趣，有好奇心，充满活力，有创造力。

读高中的时候，学习很紧张。通常我

在这个越来越"卷"的时代，玩耍的心态能帮助我们生活得轻松愉快，保持适当的松弛感。

在学校里就提前把作业写完，到了周日就争分夺秒地阅读、写作，过年也不例外，那架势，堪比冲刺高考。家里人说："怎么感觉你放假比上学还忙？"我一想，还真是这样。大家劝我："休息休息，玩一玩。"我说："我在休息啊，我在玩啊。创作就是玩。"写诗、写小说，对我来说就是好玩的事，是我的业余爱好，没想到后来竟成了我的职业。

这个时代，把兴趣爱好变成职业的人并不少：爱唱歌的后来组建了乐队，爱画画的后来成了插画家，爱玩游戏的后来进了游戏创意公司，爱跟小猫小狗玩的后来成了动物研究领域的学者……深入学习一个领域的知识是辛苦的，但因为喜欢，坚持就变得很容易。做这些事就像在玩，学习、工作和玩耍是不矛盾的。

可是我发现，如今的孩子们越来越不会玩了。也许是因为升学压力太大，也许是教育者的不当引导，很多孩子觉得玩是一件太过奢侈的事，是浪费时间，是犯错误。他们把玩耍与学习对立了起来，一旦做了与学习、考试无关的事，就会心生愧疚和负罪感。越来越多的孩子带着很强的目的性和功利心去做事。比如读一本书，是因为他们觉得应该读，是因为这是书单里的必读书，是老师布置的必须完成的作业，而非出于兴趣和爱好自发地想要去读。

多么可怕啊！玩耍原本应该是有益于成长的事，兴趣是最好的老师。玩不仅能使生活更加丰富有趣，还能为孩子们未来的发展打下基础，如今却成了大家避之不及的事，甚至有时还被严令禁止。

爱玩，会玩，对成年人来说也一样重要。如果我们把生活中的事情都看作是很好玩的，带着玩耍、好奇而非严肃、刻板的态度去尝试，那么不管结果是成功还是失败，我们都会觉得有趣，不会计较得失。在这个越来越"卷"的时代，玩耍的心态能帮助我们生活得轻松愉快，保持适当的松弛感。

爱玩不是件坏事，玩得好，才能活得好。

金台路

✳ 顾一灯

就让我们称呼她"S"——我念大学后认识的第一个外国朋友,从新加坡来的。

学院有一门外教开的必修课,叫"英语听说",从每周二早上八点到下午六点,大家可以挑选喜欢的时间。

我们都选了最早的那节,因为不想见到太多的人。

外教爱让大家分小组讨论,做很难的听力题,我常常抄 S 的答案,和她漫无边际地聊天,因此渐渐熟悉起来。

我对新加坡的印象,仍停留在初中的时候。

当时学校与新加坡有合作关系,每年可以有两个免费生交换名额,还能拿不菲的奖学金、去其他国家留学,条件是毕业后要为新加坡政府效力五年。

远离家乡,对当时的我们来说是冒险又遥不可及的想象。

曾经,十三四岁的我以为自己会留在北城读大学,再回到高中做语文老师,此生不与它分离。可后来变化的现实把我带到北京,也带到一群陌生人的身边。

还好有 S 这样的朋友,让我觉得自己

我们偏偏那么热衷于浪费光阴，在街巷里捕捉和我们
一样的普通人的生活，并心甘情愿一生受困于此。

并不孤独。

和进入这座学府的大多数人一样，S 也是十分聪明的人，跳过两级，会多门语言，有一纸漂亮的履历，还有一双犀利的眼。

不过我更好奇她在异国成长的日常，总问她热带雨林的气候、东南亚的风情与新加坡严苛的法律。话题自然也离不开美食。于是我们在周末约饭，她带我去她认为正宗的新加坡餐厅。最常去的一家，是金台路地铁站旁的章记。

与上班相比，上学的一大好处在于可以错开高峰，在没几个人的餐馆和路上消耗整个白天。

肉骨茶、海鲜叻沙和拉茶都很棒，不过我最喜欢的还是海南鸡饭。大厨切的是鸡腿上的肉，肉质细腻滑嫩，骨头也连着被剁成几块，贴骨的肉最美味。鸡肉下倒了薄薄一层酱油，能提味，又不至于过分咸。还铺有黄瓜和番茄片，旁边佐以两小碟蘸料，一碟辣酱，一碟青蒜蓉，私以为后者更特别。最值得称赞的还是淡黄色的油饭，有嚼劲的长米粒晶莹剔透，经过鸡油的滋润，香得不得了，不爱吃米饭的我每次也

能吃一大碗，连最后一粒都要从碗壁上扒下来吃掉，仍然觉得意犹未尽。

只要不是超过四十摄氏度或低于零下十摄氏度的极端天气，我们都喜欢在附近轧马路。

一天将近两万步，需要还不错的腿脚，见着出租车就挥动手臂的同学无法加入我们的行列。

探索城市的过程总有意想不到的发现，之前在隔壁见过五道口，在学院路见过六道口，这回漫步在附近的老校区，竟然见到个叫"马道口"的新地方。我们笑得前仰后合，赶紧拍照留念。

路边还有陈经纶中学的一所分校，穿校服的大个子男生朝着校门一路狂奔，身份证掉在了路上，我们两个人在后面追，追到没力气，喊"同学，你的证不要了吗"，他也没有回头。然后我们一边大喘气，一边分享中学时的许多往事。

同一天，我和我的同学为了把教室腾出来当考场搬到了附近的教育学院，人挤着人写作业，说悄悄话，在老旧的楼房里，充满从此要相依为命的神圣感；S 则在与

她的同学为圣诞节的到来布置教室，一团团拉花喷射出来，五颜六色地装点在高悬的灯管上。

两种截然不同的青春，但都是值得回忆的幸福时光。

刚认识的时候，我们之间话题的基础是不同背景带来的新鲜感。

后来仍做很好的朋友，是因为抛去这些表面的差异，我们骨子里是相似的人。

在这个竞争激烈的环境里，有同学认为不该浪费一分一秒，用读书、实习等事务将时间填充，好成长了了不起的都市精英。

可我们偏偏那么热衷于浪费光阴，在街巷里捕捉和我们一样的普通人的生活，并心甘情愿一生受困于此。

我们有两颗相仿的心，充满近乎天真的正义感，还有满溢的爱与同理心。

金台路附近坐落着中国烟草总公司，正前方那条马路上，我们见到一只异常瘦弱的小猫，那样小，简直像只剩了皮包着骨头。它本躺在无人的人行道上晒太阳，被我们惊动，飞快地踩上栏杆逃了，充满战栗和不安。

我和 S 的心一下子被触动了，不约而同地说，一定要找到它，喂它水和食物，带它去医院。

我们在附近绕了好多圈，甚至不惜学猫叫，却怎么也找不到它。

之后我们每回走到这里，都会提起这只猫，对它的未来感到悲观，然后觉得难受。我经常将这些讲给前男友听，可他每次都不在意，回应我的只有淡淡的一个字："哦。"

我和 S 的上一餐饭，也是在章记吃的。之后她离开北京，去英国读研，又回到新加坡的政府部门工作，竟与我初中时所幻想的轨迹奇迹般地叠合。

后来我在学校认识了很多外国人，有中文还说不太溜的非洲大兄弟，也有拥有数百万粉丝的帅哥网红。我还有一些不太亲密的朋友。

我很怀念 S，我们柔软的触角可以勾在一起，没有别人能做到这件事。

最近我在清理不用的微信群，看到我们和其他朋友为准备英语听说课的课堂展示建的一个个奇怪的群组，"形容词小分队""鳗鱼分队""英听走起""记得喊我上早课"之类。

再回看我和 S 的聊天记录，上次是春节祝福，上上次是我请她寄一张明信片来，她说"好"。距离太遥远，工作又不相干，关系便自然淡了。连过去那么爱吃的章记，我都一年多没去过了。

此时忽然很感伤，决定写这篇文章，说我真的好想念她。

人生靠兴趣续命

人生大约是靠1%的闪光去照亮99%的灰暗，成就100%的普通。那1%的闪光，就是那些无用而有趣的热爱。

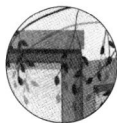

○ ✻ 艾小羊

在我经常锻炼的健身房里，有个胖胖的小姑娘周末常来打拳。

她是个高三的学生，有抑郁倾向，看了半年的精神科。她后来被老父亲拉来健身房，开始也不乐意，松松散散地练了两三个月，现在是一周不打拳浑身难受，身体变壮实了，心情也变好了。

她父亲说，虽然姑娘从小一直上兴趣班，但所有的兴趣班都以考试为目的，只有这个随便来玩玩的拳课，是真正的兴趣。小姑娘慢慢地发现兴趣的好处是自己真的会为一件事而开心，并每天都盼着与它相聚。这种希望，照亮了小姑娘枯燥的高三生活。

兴趣是最好的老师，也是续命灵药。

我最近一年也纯靠兴趣续命。最近一年，我在工作上的努力收效甚微，干脆就放慢了脚步。工作虽难，生活却要斗志昂扬。

怎么昂扬呢？这时候，古人的话"人无癖不可与交，以其无深情也"就管用了。以现在的语境翻译一下，就是人没点兴趣爱好，就会对生命失去深情。

我女儿最近在写网文，她跟几个小闺密成立了一个兴趣小组，大家拉了个QQ群，互相监督每天更新多少字，这可能是她每天忙于功课之外的光。我最近也搞了好几个兴趣小组，有健身的、插花的，还有说脱口秀的。每个小组三五个人，都是上有老、下有小的中年人，大家会组团去参加活动，活动不密集，还经常凑不齐人，但微信群里只要有这么几个分组，就仿佛在寻找六便士的世界里，挂了一轮明月。

一个朋友说："兴趣让我觉得自己富足，至少不必每件事都为稻粱谋。"听上去多少有点阿Q精神胜利法，不过我对此表示深深认同。生活中，有些事情是成年人必须做的，我们称之为责任，但在沉重的责任之外，与其放纵不如放松。

虽然大多数人写不出史铁生的《我与地坛》那样的伟文，但每个人的确都需要寻找自己的地坛，躲在里面。这样的时刻，哪怕只有一瞬间，也能停止精神内耗。生活虽普通，却有烟花。

人生大约是靠1%的闪光，去照亮99%的灰暗，成就100%的普通。那1%的闪光，就是那些无用而有趣的热爱。

又是玫瑰色的人生

❋ 时暑

> 正是大雨落下的时候，雨水会冲走地上的污垢，冲走你的烦恼，滋养树木与草地。

那家店的生意一直不太好，其实我能理解为什么。它坐落在学校附近，是一家咖啡店，有可爱的店名，名曰青橘咖啡馆。我念中学的时候，咖啡文化还没像现在一样漫上街头，那时流行喝色彩斑斓的避风塘奶茶。奶茶粉倒入，热水冲泡，再加上煮好的珍珠。一口下去，压力瞬间消除。

如果不是奶茶店老板休假，我大概不会闯入青橘咖啡馆。就像读不懂菜单上的曼特宁（咖啡的一种）是什么东西一样，我也没有分辨出这家咖啡馆里的音乐是哪国语言。但悠扬的口琴间奏，还是钻进了我的大脑里。走出店门，看见墙上攀着脆弱的蔷薇，脑海中未消散的旋律告诉我，这是个美好的地方。

当暑假快要结束时，小浣熊告诉我，她要搬去杭州了。我第一时间就想到约她到青橘咖啡馆见面，美好的地方最适合跟好朋友道别。

但小浣熊没来。也许是那天天气太过阴沉，她刚好没伞出门；也许是她爸妈太过忙碌，没时间送她来咖啡馆。总之，我想了很多理由。天真的下起了雨，我点的第一杯咖啡冷了。

"你在等人吗？"店主姐姐探头问我。我一时语塞，不想说实话，这样显得我太凄惨。我支支吾吾道："我在听这张专辑，还挺好听的。"

"那你慢慢听，外面正下雨呢，如果有朋友要来找你，让她不要着急，我们会营业到很晚哦。"

可是没有朋友来找我。雨渐渐停歇后，我戴上帽子准备离开。店主姐姐喊住我，递给我一个袋子，里面装着一张她借给我的专辑，是小野丽莎的作品，封面上坐着一个正在阅读的长发女孩。在这张专辑里，其中用口琴间奏、深深打动我的那首叫作《La Vie en Rose》，翻译过来是《玫瑰人生》。

编曲的人，在爵士乐固有的惬意、慵懒的曲调上，加入了巴西音乐的元素，把打击乐器轻轻敲打的声音铺垫在旋律下面，仿佛是将异国明媚轻柔的阳光与海风乘着音符送给了处在阴雨天的我。

我躺在沙发上，听着CD机里播放的音乐。在骤雨初歇的夏夜，那些旋律像雨水一样冲走了我的烦恼。

过了大概一周，我在与同学的闲聊中得知了事情的真相——那天小浣熊与别的同学一起聚餐，结束后发现天色阴沉，担心下雨，所以就回家了。原来又是一个老套的故事——"我并不是我好朋友最好的朋友"。

伤心之余，我把那个原本打算送给小浣熊的玩偶礼物卖掉了，添了一点钱，买了一张跟青橘咖啡馆同款的专辑。店主姐姐告诉我，其实，小野丽莎并不是我喜欢的那首《玫瑰人生》的原唱，原唱是伊迪丝·琵雅芙。有一部电影也叫《玫瑰人生》，是一部传记电影，讲述了伊迪丝·琵雅芙坎坷而传奇的一生，她从苦难中走来，用天赋与才华唱响了美丽人生。伊迪丝·琵雅芙被人亲切地称为"小麻雀"。

小麻雀？我望着镜中的自己，感觉我也像小麻雀，灰扑扑，圆滚滚。我会和那只异国的麻雀一样，飞出乏味的街巷，成为闪闪发光的人吗？彼时的我想不到，那时候我不太喜欢的咖啡，后来会成为我每天必备的提神醒脑佳品。而《玫瑰人生》这首曲子，在多年后仍是咖啡馆背景音乐的热门单曲。

烦恼的时候，我会听这首歌，旋律响起，就好像又看到了那个被朋友遗忘的小女孩，孤零零地坐在一隅。我劝慰她，也在宽慰自己：亲爱的小孩，别太难过，你的困境，是令人讨厌的、阻碍出行的漫天大雨。可也正是大雨落下的时候，雨水会冲走地上的污垢，冲走你的烦恼，滋养树木与草地。闭上眼，在这首歌里歇息一下，睁开眼睛，你看，又是玫瑰色的人生。

那些渴望被看见的时光

✿ 徐宁遥

从小我就是个标准的"乖乖女",放学了从不因疯玩而忘记回家,从不迟交作业,和同伴待在一起时,也经常扮演那个不动声色的聆听者。我的青春安静得像一株无声生长的兰草,翠绿色叶片上零星的花点才能彰显一点活力。

我安静地坐在教室的角落里,书桌上放着厚厚一摞参考书,书都是按照老师的要求买的。我给每本书包上封皮——像在进行某种神秘而又盛大的仪式,再在上面贴上姓名贴,用五颜六色的笔勾画着书里

题干中的关键词。

在班里,我有一个狭小的圈子,结交了两三个还算聊得来的朋友,保持着中规中矩的成绩。没多久,又到了一学期一度的家长会环节。我妈去找任课老师聊天,得到的反馈大抵是老师会犹豫一下,然后说:"舒窈啊,她蛮乖的。"

只是没有人注意到,所谓"乖乖女"也有叛逆的时刻。比如,我会羡慕偷偷挑染了一小撮紫色头发的男生逃课去骑行。阿蔡是当时班里最"社会"的少年,他偷偷染发、在网吧打游戏,但他又拥有一颗老天赏饭吃的脑袋,考试成绩从未掉出过班级前三名。我们的学校靠近长江,有一次,他逃课去江边被发现,后来事情发酵,闹到了年级主任那里。他被警告了一次。

阿蔡在班里讲述他称得上"玄幻"的经历。他说江风迎面吹来的时候,空气是湿润的,能看到江上高高竖起的如同风琴的大桥、川流不息的汽车,还能听到轮船靠岸时的鸣笛声。江边有很多形状怪异的石头,黑色正方形的、褐色三角形的、肉色圆形的。他说,手指触摸江水的时候,凉凉的,和童年的夏天与小伙伴光着膀子游小河时的感觉很像。他把捡来的石头装满瓶子,然后用清水将浑浊的泥沙冲刷掉。透明的瓶子在阳光的照射下熠熠生辉,世界藏在波光粼粼的玻璃瓶之中。同学们都"抨击"他逃课的行为,但一些纷乱的情绪像杂草一样在我心里生长,我竟觉得阿蔡是自由的,毕竟他拥有了一个诗意的下午。

还有的时候,比如开班会时,那些有才艺的女生会换上好看的牛仔短裙,在讲

台上像黄鹂鸟一样歌唱。升旗仪式上，班上声音最好听的男生会作为学生代表，穿着小西装，在主席台上满怀激情地发言。不管是张扬的"坏学生"阿蔡，还是多才多艺的同学们，大家的目光总会有某一瞬停留在他们的身上。而我不同，我没有特长，看上去"乖乖的"，在班级里激不起任何水花。

但是我也有想被看见的时候。一节地理课上，我将言情小说夹在课本里津津有味地翻阅起来。我想，哪怕被地理老师发现，然后被批评一顿也是好的，起码我不再是那个"小透明"了，但是事与愿违。当地理老师喊我起来回答问题时，我呆愣在那儿，空气仿佛瞬间凝固了。没多久，她就让我坐下了，甚至压根儿没发现我看言情小说的事，而是将此归咎于"她还没有理解"。

想被看见的心愿像一阵猛烈的龙卷风，只是刮过一阵，就从我的世界里悄然消失了。我的生活又恢复了平静。班里来了一位新老师，她教语文，刚从师范大学毕业。她迅速和我们打成了一片，也包括我这个"小透明"！语文课前要做眼保健操，班里闹哄哄的，广播里播放着机械的女声，我在高高攦起的书本后忘情地写着小说，她的声音温柔得像春天里的花瓣落在我肩上："你在写小说呀？"

在得到我肯定的答复之后，她试探地询问我是否愿意在课后同她分享小说，我慌乱地点了点头。放学后，在她的办公室里，我有些坐立难安，因为这是我第一次这么正式地被老师注意到。她看完之后，轻轻把笔记本塞回我的手上，然后耐心地给我讲她的阅读感受："你的文章很有灵性，要

继续做自己想做的事情呀。"第二天，我的桌上摆着一本石田衣良的《孤独小说家》，这是她赠送给我的礼物。我小心翼翼地将书捧回家。我至今仍记得封面上的那句话："十年前的梦想，如果还没有熄灭，就让它永远燃烧吧。"

她身上仿佛留存着樱花的香气，在那个鸟鸣莺啼的初春里，路过我的世界，给了我无限的勇气。她就像一颗耀眼的启明星，轻盈地照亮了我黯然失色的生活。在遇见她之前，我的语文成绩只是位于班级的中游，但是为了证明给她看，我化身成一条不知疲倦的鱼，向着遥远的对岸游去，一直游啊游，直到成了班级的第一名。后来，我的语文成绩竟奇迹般地稳居班级前三名。

大三那年，我去一家教育机构实习，也是做语文老师。我努力地学着那位看见我的语文老师，将目光尽可能地投注到教室里的每位学生身上。有一天，我找一个乖巧的女生聊天，她惊讶地问我怎么知道她平时喜欢画画。我说，每个课间都能看到她安静地坐在教室里画人物速写。她的声音低低的，嘴角却露出了一个好看的酒窝："老师，谢谢你，可以在那么多人里看到我。"

我的心慌乱地跳动了一下，仿佛回到了那个惊慌失措的下午，我的语文老师同我分享她曾写过的阴雨连绵的三月、湿热苍绿的热带，以及无处安放的青春往事。窗外的鸟鸣声和她柔软的声线融在一起，是那样和谐。阳光暖烘烘地洒在肩上，我安静的青春终于得到了回应，多么感谢在那些渴望被看见的时光里，她穿越人群走到了我的身边。

尽管霍格沃茨不曾来信

✿ 陈 卡

那年的夏天，窗外的知了一声一声地叫着。我抱着一本《哈利·波特与魔法石》坐在院子里，风吹得树叶沙沙直响，也带走了我身上的汗水。在日与夜的交替中，我跟着一个小男孩完成了一次奇妙的冒险。

成长永远是最吸引人的课题，"一路打怪升级，成为一个厉害的大人"是每个孩子的愿望。就这样，我跟着哈利·波特第一次坐上了会在墙面消失的列车，吃到了鼻涕味的比比多味豆，观看了一场刺激的魁地奇比赛，使用了从火炉里就能穿越的飞路粉，也经历了人生所有的重要课题，如结交知心的伙伴、遇到心动的恋人、直面死亡的悲痛。

有人说，每一个孩子玩游戏时的行为表现俨然是一个作家，他在游戏中创造着一个属于自己的世界。在生活这个大型角色扮演游戏中，我认为自己是一个藏在"麻瓜"世界里的小巫师，在 11 岁生日这天，我也会收到一封前往霍格沃茨的录取通知书。而这期间的种种，如英语考试成绩的急剧下降，怎么努力都学不会的舞蹈，和父母、亲友闹过的别扭，我只是当作一点小小的挫折，日子该怎么过就怎么过，问题来了就解决，解决不了，也没有关系，反正我最后是要去魔法世界学习魔法的。

就这样，我带着对魔法世界的期待，带着对生活的钝感力，步入青少年时期。但是青少年时期的很多事情，我已经没有办法简单地用幻想来处理。在初中是成绩排名还可以的优等生，到了高中成绩却一落千丈，班里的同学家境优渥、穿着时髦，原来以为自己注定不平凡的莫名自信备受打击，我不得不承认我只是一个平平无奇的"麻瓜"，一个"麻瓜"世界里最普通的"麻瓜"。

阅读是避难所，在问题中苦苦纠结、

生，而接受自己是人生重要的一课。

渺小的人未尝不能拥有精彩的人

找不到答案的我再次退回魔法世界，重读《哈利·波特》系列。躺在狭窄的宿舍床上的我，注意到了以前没有注意到的角色，那些被哈利·波特的光芒掩盖的小人物。我看到了纳威·隆巴顿，一个长相普通、体型稍胖的男孩，一个非常健忘、在魔法和学习上没有什么天分的孩子，他像是魔法世界里的我，而我是现实世界里的他，我们都是自己世界里的渺小者，是微不足道的存在。

关注的力量像是舞台上的镁光灯，会让人注意到很多之前被忽略的地方。在无人在意的角落，纳威·隆巴顿像小草一样奋力生长，逐渐变得坚韧。在巫师战争中，他尽管带伤，却誓死抵抗食死徒，也曾冒险救过被食死徒围攻的哈利·波特。最后，他在霍格沃茨保卫战中使用格兰芬多宝剑斩杀了伏地魔的重要魂器——大蛇纳吉尼，侧面验证了特里劳妮关于杀死伏地魔的预言："有能力战胜黑魔王的人走近了……生在曾三次抵抗过他的人家，生于七月结束的时候。"

视角的转移也让我看到了更庞大的魔法世界，古怪却忠诚的小精灵克利切、迷途知返的食死徒雷古勒斯·布莱克、疯疯癫癫却聪明的卢娜。在寥寥几笔中，我看到了世界上有如我一样的其他人，明白了世界虽然广博，却也宽宏，顶天立地的人可以活得惊心动魄，但是渺小的人未尝不能拥有精彩的人生，而接受自己是人生重要的一课。

实际上，我从来没有收到过一封猫头鹰带来的信件，尽管霍格沃茨不曾来信，我也是它的学生，未入门的学生。我会记得我在那个吹着微风的夏天学会了自信和勇敢，也会记得在那个求而不得的秋天学会了接受自己的平凡。

小时候背的诗

那些诗会埋在心里某个地方，只有到适当的时候，火光一亮，才能明白其中的美妙——年纪越长，懂得越多。

❀ 张佳玮

"这首诗全文背诵。"老师如是说。

年少时的自己叹了一口气，哭丧着脸，开始背这佶屈聱牙的诗句。

考完试就抛下了，这些诗句与"全等三角形""现在完成时""受力分析"等一起，被埋在心里某个地方了。

所以，读诗、背诗有什么用呢？

◆一◆

当孩子们学会说"爸爸""妈妈""吃""喝"之后，你希望他们最初接触的是什么句子？

或者说，如果可以选择，你希望自己年少时读到的第一句话是什么？

小时候，记忆里的声音对精神世界是有影响的。诗歌，哪怕不明白意思，只是音韵，让孩子听着、学着、背着，都比读或背一些粗鄙的词句要好些。

何况，好诗歌都是音韵和谐、字句铿锵的，是千年以来语言的精粹。诗歌好就好在纯净。"竹喧归浣女，莲动下渔舟。"这种句子的意思一读就能明白。

《诗经》中那些真情流露的句子，细看都如聊天一般，但文约意广。汉朝时，比

如《古诗十九首》，大多是大白话。"思君令人老，岁月忽已晚。""人生天地间，忽如远行客。"明白如话，不多修饰。

古诗的另一个特点是有画面感。读中国诗歌本身就是接受美学教育，其意蕴往往来自画面和被唤起的感受，所以大家很喜欢讨论以情入景之类的，这是体验，是感受，与辞藻没有必然关系。

"姑苏城外寒山寺，夜半钟声到客船。"

"兰溪三日桃花雨，半夜鲤鱼来上滩。"

"大漠孤烟直，长河落日圆。"

"明月松间照，清泉石上流。"

温庭筠最著名的那首《菩萨蛮》，有绵密的意象陈列，有颜色和图案的交叠。运用形容词时着重色彩、质感，这就是一幅画：

"小山重叠金明灭，鬓云欲度香腮雪。懒起画蛾眉，弄妆梳洗迟。

照花前后镜，花面交相映。新帖绣罗襦，双双金鹧鸪。"

有人说，诗歌的意蕴太深，怕少年听不懂，宁可求其次，听些简单的。其实如上所述，古代的好诗都清澈通透。

何况，按信息量来说，诗歌本来就是最

言简义丰的。比如，描写大雪时，白居易的诗就简约多了："夜深知雪重，时闻折竹声。"

二

简约，是简洁精约，需要极高的概括能力和感受能力。

将一首诗解读出几万字，是学者的事；读着赏玩，是普通人的权利。《诗经》中有很多诗歌都是在民间唱着玩儿的。宋朝时，晏殊写词是拿来牙板拍唱，喝酒时听的。哪怕不理解，就当歌词唱，图个好听也好。

有一次，我与几位久别重逢的朋友在店里吃涮羊肉。因为到得晚，只有羊肉、萝卜和豆腐了，只好让店家不断上羊肉。吃到后来，夹起一片羊肉，入锅一涮一顿，蘸佐料后，立刻入口。好羊肉被水一涮，半熟半生，不脱羊肉质感，饱蘸佐料一嚼，立刻化了。这时来口白酒，甜辣弥喉，呼一口气都是冬天的味道。几个人都喝得开始傻笑，但总觉得还缺点儿什么。

这时，我们中间最年长的一位拿起筷子，开始敲空盘："君不见，黄河之水天上来，奔流到海不复回。君不见，高堂明镜悲白发，朝如青丝暮成雪。"

于是大家一起跟着拍大腿："天生我材必有用，千金散尽还复来。"

……

"五花马，千金裘，呼儿将出换美酒，与尔同销万古愁！"

完事之后，大笑，笑到有个人从椅子上滑下去，坐在地上了，还在笑。后来大家都说，从来没有这么痛快过。年少时背一首千年前的诗，且能在背完十几年之后

让我们重新寻回快感，多美妙。

我后来回想起来，发现我小时候的语文课本里，有一些诗至今熠熠生辉，其中，有许多篇是老师要求我们背诵的。当时觉得佶屈聱牙，多年后会觉得，幸亏少年时背了。

所谓斯文、风度、诗情画意，少年时哪里能完全懂得？

三

"这首诗全文背诵。"老师如是说。

这是一个意味深长的暗号。老师简直就差告诉我："那些不要求背的，其实你忘了也无所谓；这些要求背的，是我给你们挑的宝藏。你们现在不一定能懂，但它们太好了，我不能不告诉你们。"

那些诗会埋在心里某个地方，只有到适当的时候，火光一亮，才能明白其中的美妙——年纪越长，懂的越多。那些诗，那些画面和意境，你揣在心里，不一定知道有什么用，但比没有要强出许多。

我们有一辈子的时间去接触各色日常语言，熟悉网络用语，却只有那么一小段时光可以专注地朗诵母语中最简约、最美丽的句子，然后将这些画面记下来：

"随意春芳歇，王孙自可留。"

"西塞山前白鹭飞，桃花流水鳜鱼肥。"

"绿树村边合，青山郭外斜。"

"山气日夕佳，飞鸟相与还。"

《倚天屠龙记》里，张无忌离开冰火岛前，谢逊曾逼迫他背下许多武功要诀，还说"虽然你现在不懂，但先记着，将来总会懂的"。许多东西记下来，就是在心里生了根。日后触景生情时，你总会懂的。

且将旧约
试新茶

❀ 赵梓沫

01

烫壶、温杯，放入茶叶冲泡，静置……等待茶叶散发香气，叶蓁直起身，将茶杯放到我的面前。她回头凝视着身后的茶室，许久，终于开口跟我说道："我想去北方走走，去学习更多的做茶技巧。"

我反应不及，下意识脱口而出："你和舅舅说过了吗？"

她点点头："我说了，他还没答应，可是我已经决定好了。"

窗外的阳光落在她的侧脸上，透出小半圈柔软的色调，叶蓁低头抚摸放在案板上的茶具，神情看起来伤感而又坚定。

空气霎时安静，有风吹过来。她抬起头看向我，语气里满是假装愉悦的调子，她说："茶馆就拜托你们了，有什么事帮帮我爸。"

我僵着手，举着茶杯，愣在原地，恍惚想起当年高考结束，叶蓁与长辈大吵一架，毅然决定地填报了省外的大学专业，去走一条与他们安排好的截然不同的道路。如今，她微笑着告诉我，她已经决定好了。

将杯子放下，我摇头苦笑，心里却没有太大的惊讶。因为她很早便说过，她想要去看更大的世界，去接触更深的茶物，这一年的被迫回归困不住她的心，她终究还是会远航。

虽然这样想，但还是抱着挽留的心态："我本以为你答应回福鼎就意味着妥协，结果，你还是要走呀。"

"是啊。"

尾音落下，我抬起头与她倔强的眼神对视，对她说了句："一路顺风。"

02

记起小时候，舅舅和舅妈时常来我们家聊天，聊天的内容大多是我这个不常见面的表姐又做了什么乖张的事。说到愤懑时，舅舅总是狠声说一句："也不知道是跟谁学的这些坏习惯……"

叶蓁的学校离家极远，我很长时间才能见她一回，而每每假期见到她，她总是一副懒散的样子，嘴里叼着茶叶梗，跟在舅舅与祖父的身后。

居住在福鼎，白茶是当地的一大特色，许多家庭都会制茶，我们家自然也不例外。

家中的茶房设备用了许多年，外祖父

> 若你热爱，
> 便能找到归途。

在当地也算小有名气的私房茶主，凡事讲究亲力亲为，鲜少愿意使用机器。

身为外祖父的长孙女，叶蓁更是被寄予厚望，她的假期多被带来茶室学习制茶，或是学习茶艺。她虽然看起来满是不情愿的样子，也时常偷偷从茶坊跑出去疯玩，可一旦投入制茶的过程中，她便变得格外认真，那是不同于其他女孩的细致柔软，一拨一散，带着特有的飒爽劲。

舅舅偶尔会责骂她，说她制茶不专心，总想着对茶叶进行新式制作，那些提议太过于异想天开，这不是他们所要追求的风格。

她撇着嘴反驳："只是一味地守着老旧的做法，是不会进步的，更何况，只知道继承却不懂得运用，这不是好的做法……"

"那是你还没有碰过壁，等你知道每个茶都有自己的特点，有各自的工序，你就不会这样想了……我们要扎扎实实学习，才能有收获。"

两人的性格极像，谁也不肯让步，争吵到最后，只得不了了之。

舅舅甩手走人，而叶蓁站在原地，小声地补上自己的说辞："总有一天，我会去看其他地区不同的制茶手法，然后我会让我的茶成为独一无二、专有的存在。"

我一直以为这不过是她的一句气话，却不承想，她将这一句话记在了心里。

03

叶蓁再次离开福鼎时，舅舅发了很大的火，他站在客厅的中央，吼道："你要是走了，就再也不要回来了！"

她背着行李，不反驳，只是深深地对着他们鞠了一躬，然后离开了。

之后的日子里，她的行程只有微信和朋友圈可以了解，她一人坐了很久的火车，跑到内蒙古，学习蒙古奶茶的制作。

她在晚上 7 点发来视频，给我直播制作工序。画面中，人们在空地上随意地搭起篝火，层层树枝支撑铁锅，水中煮着青砖茶，水纹荡漾，天边的余晖映着她的脸。

待茶水变深，倒入挤好的鲜牛奶，等到沸腾，加入奶皮、炒米与食盐……起锅留下叶底，叶蓁在风里跟我形容，这种淡淡的咸味与我们曾喝过的甜味相差甚远，可是你能感受茶香和奶味在你唇齿间回荡，是边疆的特殊风味。

这样的学习并不是我所看到的那样简单，所投茶的用量多少，水的温度，牛奶的放置时间，选择何种青砖，全是学问，她在内蒙古待了近一个月，这才转头去了云南。

长辈偶尔还会跟我打听她的消息，听到她除了晒黑了许多，一切都好，也便不再多说什么。直到很久很久以后，我才得知，舅舅也曾向往自由，奔赴不同的地方学习，只是当年他还过于年轻，所储备的知识不足以匹配他的经历，于是默默而归。

而叶蓁执拗地去了远方，进了一所很好的大学的茶学专业，她继承了舅舅的性子，也承载了舅舅未完成的梦想。

她从北方出发，再一路回到南方，她迷上了普洱，于是选择在云南长住。

她住在小小的茶室里，与当地的茶农学习采摘、杀青、揉捻与发酵，这是不同于白茶的做法，可她满心欢喜。她感受茶的自然生长，研究茶里的变化莫测，农地里夏天生出不少毒虫，伤害她的皮肤，她在医院里挂着药水，却微笑着告诉我，她发现一个奇异的做法，这一做法可以让茶味变得更为纯粹。

她的脸因过敏泛着红血丝，眼底却熠熠生光。

大概习茶便是如此，你未曾用脚丈量过茶园的每一寸土地，便不会知道理论和现实的差距到底是在哪里。向往极致，那么就要有一往无前奋不顾身的勇气，以及内心汹涌的信念。

04

我大学毕业这一年，叶蓁终于结束了她的旅程。她遇见了相爱的人，最后选择在浙江定居了下来。

她在杭州开了一家私人茶馆，销售自己的产品。杭州当地多是绿茶，如龙井、毛尖、青顶、云雾……种类多而闻名，叶蓁没有选择顺应主流，仍是以白茶为主，将自己的经历和技巧投入其中，加上情感传承，将那小小的茶叶递交到别人手中。

她说，她做的茶叶有她自己的故事，她将这些故事说给每一个来到茶馆的人听。

我在毕业答辩结束后一天去了她的茶馆，再次相逢，她站在木色的圆桌前，如同当年与我道别时的光景，她说："好久不见。"

闲聊时谈起茶馆的命名，叶蓁笑笑没说话，沾着水在桌面上划着痕迹，她将这个地方取名为"归"，意为她来的方向。

走了这么长的路，见了那么多的人，记忆最深的仍是与自己一同度过漫长岁月的故土。她终于明白舅舅当时说的那些话的用意，在了解了不同茶叶的不同属性后，这才明白自己曾有过的想法是多么不切实际。到头来，她回归到长辈所教导的最初方法，耐着性子一点一点去学习，去感悟，最终找到了自己的独特风格。

很久以后，我才明白这样的故事不仅仅是两代人之间的传承，更是一个家族的传承。家风亦是家道，潜移默化地渗透到每一个人的骨血里，变成你下意识的第一选择。它没有固定的形式，没有固定的方法，可它却给你指引方向。

有一年，我回老家整理房间，在抽屉的最深处找到了学生时代的照片，在连塑封都翘皮的照片上，我看到了子珊的脸，突然想起了高三时的那本毕业纪念册。记得当时我们都在玩 QQ、微博这样的社交媒体，但是子珊在毕业典礼之前拿来了一本毕业纪念册，让我们给她留言。

那时，我和子珊已经有两个月没说过话了，这在之前简直是匪夷所思，因为我们总是好得跟连体婴似的，上学、吃饭、上厕所都在一起，连衣服都要买一模一样的，所以，我们吵了架，还这么决绝，大家都觉得不可思议。事情其实不大，子珊跟我们共同的小学同学小雅的关系不太好，但我跟小雅的关系倒还可以。爸妈买房子的时候，我家刚好买在小雅家楼上，所以有几次在电梯里碰到小雅，我都会主动和她打招呼，她分我一个包子，我给她一个苹果，也是稀松平常的事。

但子珊就是不喜欢小雅，不喜欢的理由也很简单——脾气、性格合不来。那时，我们还小，逻辑很简单，既然是朋友，就要做彼此的天使，不能做让对方不开心的事，所以，尽管我经常吃小雅的零食，但到了学校，我还是会和小雅保持距离，只为了不让子珊生气。

某天在电梯间，小雅突然问我要不

在青春消逝前，让我看清你的脸

在无法并肩同行的四季流转里，我们都学会了去原谅，去成长。

要参加她的生日 party，那时，我们已经相熟，作为楼上、楼下的邻居，我的父母和小雅的父母也有来往，所以，她一提生日的事，我立刻便答应了，回过神才想起来，我该怎么和子珊交代呢？于是鬼使神差地对小雅说："我要去参加你生日 party 的事情，千万不要告诉子珊啊。"可能就是这么画蛇添足的一句话，也可能是小雅对子珊心里早有芥蒂，反正后来她把生日当晚的照片大张旗鼓地发在了 QQ 空间里，照片上的我明晃晃地站在人群当中，全班同学都去点了赞，并且小雅还在底下回复子珊的评论道："是她要求我隐瞒的。"子珊二话没说就把我的 QQ 拉黑了，我难受极了，虽然我知道自己有错，但也没必要这么决绝吧。

之后在学校里，子珊算是彻底把我当成了一团空气，每天和别的同学嘻嘻哈哈，看到我却仿佛没看见，这让我浑身不自在极了。我去了子珊家两次，都是她父母出来跟我说子珊不在家，但我知道她其实是在家的，只是不想见我罢了。

我和子珊侃大山的时候，曾经很中二地问彼此，如果遇到了背叛该怎么办，她斩钉截铁地说："弃我去者，昨日之日不可留。"那时，我觉得"绝交"这个词对我们来说很遥远，到底要碰上什么大事，才能让两个人把过去的那些感情都抵消掉，变成最熟悉的陌生人呢？直到子珊再也不愿和我多说一个字，我才知道，导火索也许仅仅是一件小事，但伤了的心会渐行渐远，成为永远不会相交的平行线。

碰了几次钉子之后，我也放弃了，没觉得自己犯了什么不可饶恕的过错，也不懂她的气为什么这么难消，甚至渐渐觉得好笑，所以，当她拿着毕业纪念册朝我走过来时，我站起身走出了教室。后来，我回忆了几百次当时的场景，终于确信了那是她的示好。当时，我所在的方向只有我一个人，她只能是为我而来，希望我在她的毕业纪念册上写点什么，让我们能够在毕业前和好，不然，在大家都用社交媒体互动的时候，她怎么还能这么复古呢？

我和子珊都很喜欢看香港电影，会一起对着翡翠台的电视剧学说粤语，还约定将来一起考去广州，后来一个偶然的机会，我从老师那里得知她把志愿改成了武汉的大学。那时的我们都好像憋着一股气，谁也不肯退让，或者说想要谅解对方的心永远不在同一个频道上，像两列在同一个站点的列车，但最终去往了两个完全不同的地方。最终，我去了广州，她去了武汉，两个从海边小城走出来的女孩，渐渐消失在了都市的茫茫人海里，在不同的城市长大，不断邂逅一些人，也与一些人挥手告别。我一直在后悔，为什么当年不在她的毕业纪念册上留下只言片语，如果留了，或许就能够给这段关系画上一个不那么遗憾的句点，或许等我落笔之后，我们相视一笑，会将从前的那些一笔勾销，我们给彼此留赠的最后一句话，以后翻看的时候也许就会是另一番别样的心境了吧。

每年寒暑假回家，我总想试试能不能在街头与子珊偶遇，可家乡的变化太大了，小城开发了很多新楼盘，我去过她家附近的那条街，发现她住过的楼房已经摇身变成了一家大型教育机构。我猜测她早已搬家，也或许她根本就没有回来，而是在大城市里辛苦打拼，我们的生活轨迹已经完全不同，便不会再相遇。

在高中毕业的第六年，我被同学拉进了班级的微信群，所有人都在群里，子珊当然也在。大家都在群里互相调笑、叙旧，我愣愣地对着她的微信头像，犹豫着要不要添加到通讯录，就在我愣神之间，我看到子珊发来了好友申请，我通过后，她紧接着发来一个很萌的表情，说："你好吗？过得怎么样？"说话间完全避开了我们中间缺失的六年，那两千多个日子的空白。后来，我经常会在朋友圈刷到她的自拍、她的生活琐事、她的心情，

近得就像曾经无话不说的我们，又远得像一个躺在我通讯录里多年的联系人。我们偶尔聊天，时不时在彼此的朋友圈点赞、留言，回不到最初，却也比一般的朋友要好上一些。

直到高中同学会的那一天，我们终于在学校见面了，我在那些熟悉又陌生的面孔中瞥见了一个身影，她和我记忆里的模样有些不一样了，反而更像她的微信头像，美丽又从容。我们分别时是在夏天，我还记得她当时穿着一件淡蓝色的裙子，而现在是冬天了，她把咖色的大衣脱下，露出了同样淡蓝色的裙子，看到我走过来，她的眼睛一下子睁大了，唇角上扬，笑意止也止不住，站起身来开心地拥抱了我。她抱我的时候很用力，我闻到了她身上甜甜的香气，她的发梢好像也是甜甜的桃子味，我有点眩晕，甚至有一种想哭的冲动，在阔别六年之后，我们好像什么也不用说，只要这样一个拥抱就足够了。

人生的每个站点都有人上上下下，不管因为什么样的原因走散，一次眼神的交会就能让过去释然，可能我们一直都在等待这样一个契机，像夏日走进繁花盛开的花园，又或是秋日拾起飘落在地的泛黄的银杏叶，在无法并肩同行的四季流转里，我们都学会了去原谅，去成长。

装病记

❋ 贾 颖

爱，或者关心，是不需要证明的。一个人的存在感，也不需要刻意地去证明。

在我的个人成长史中，装病成功的经历一共有两次，都在学生时期。

生病这件事，要装得像，也是有"学问"的。不能假装感冒。一说感冒，家长便要量体温，温度计又不会说谎。也不可以说头痛，除了必须完成的家庭作业和考试考砸了却又不得不面对父母的责备，小孩子是没有什么头痛的事的。能够选择的只有肚子痛，人吃五谷杂粮，哪一种粮食都有可能成为肚子痛的原因。吃得快了，咽得急了，或者菜凉了，饭硬了，等等，都可能让肚子痛起来。肚子痛也最好装，猫着腰，双手捂着肚子，嘴里"哎哟"声不断，只要自己不偷笑出来，装病的事便大抵成

功了一半。

第一次装病成功是在小学三年级的时候。某一天早晨，老师抽查作业，指着我们这一排的同学说："把作业拿出来。"我这才想起，头一天晚上玩儿得太过投入，忘了写作业。我窘迫地站在座位旁，咬着嘴唇，低着头，心想：怎么办？众目睽睽之下承认自己没写作业实在太丢人。如果爸爸妈妈知道了，少不了一顿责罚，姐姐也会因为这个来嘲笑我。她是班里的好学生，总是考满分，总是被表扬……我没有勇气坦白没写作业的事实，也不敢承担没写作业可能面对的难堪，就在我脑袋里闪过千百个念头却仍不知该如何是好的时候，

忽然胃里一阵痉挛，像是一个及时的提醒。于是，我双手捂着肚子，就势蹲了下来。老师急急地走过来，问："怎么了？"我说："肚子疼。"确切地说，我是胃疼，可是小的时候，根本不晓得还有胃，把胃疼也叫作肚子疼。总之，肚子的区域广阔得很，除了心脏之外的腹部，都是肚子。

老师问："能坚持吗？"

我说："不能。"

我回答得太干脆也太明白了，不像是一个好学生的积极表现。老师怀疑地盯着我，我紧紧地闭着嘴，生怕自己再说出什么荒唐的话来，头上不由自主地流了汗。流汗是因为撒谎的压力太大了，但那汗水在老师眼里，倒成了疼痛的佐证。所以，老师犹豫了一下，还是决定让我回家。

我背着书包，走出教室。可是，我不敢回家。姥姥在家，如果她问起来，我怎么说？还有，没写的作业，如果明天老师又跟我要，怎么办？我有点儿后悔，想回学校找老师把实情说出来，走到校门口，又犹豫不决：都走出来了，不如干脆回家吧。快到家了，又懊悔自己刚才已经走到校门口了，为什么不一鼓作气走进教室。在家和学校之间晃荡了半个上午，一想到要这样"流浪"到傍晚才能名正言顺地回家，我简直要哭出来了。

在家和学校之间，有一个小广场，广场中央有一个大石碑，夏天的时候，我们都在广场上看露天电影，白色幕布就支在那个大石碑旁。石碑下有几级台阶，很平坦。快晌午了，我有些饿，于是坐在台阶上，把带的午饭吃掉，又无聊地看了会儿天。天空很高远，无数朵白云飘在空中。我对着天空和云朵发了会儿呆，终于下定了决心。这样怀揣着心事流浪，实在太折磨人，还是停止吧，既然错了，就从错的地方改正过来。于是，我趴在台阶上，翻出书本，开始补写前一天的作业，也不管字写得好坏、数学题做得对错，总之一定要赶在下午上课前，把这一切都结束。

我现在已经忘了下午是如何回到学校的，老师有没有检查我的作业，我又是如何解释我的去而复返的。唯一记住的是，严厉的中年女老师微笑着冲我点点头，让我回到座位上。我想，以老师的智慧，一定猜到了真实原因。可是，她却善良而宽容地选择了原谅和不拆穿，她呵护了一个小孩子敏感的自尊心，也清楚那个去而复返的小孩子已经在上午的流浪中受到了惩罚和教育，她相信那个小孩儿一定不会再犯同样的错误。

我当然没有辜负老师的信任，没有再出现因为贪玩儿而忘了写作业的事情，也没再因为作业或者别的事情对老师撒谎。

可是，装病的事，却又发生了一次，那一年我大概十二岁。

当时，我因为不断分别而陷入一种困惑中。

部队家属院里，与我同龄的小朋友们来自天南海北，说着不同的方言，互相交换家乡的食物，一起上学放学。孩子们分成两帮，用木头削制的"枪"打仗，玩儿得不亦乐乎。我以为这样的日子会持续到我们上中学、上大学，直至结婚生子，直到大家有了自己的家。然后，我们的孩子也会彼此成为好朋友。我们的友谊就像我姥姥家前山上的那些树和草，还有雨后的蘑菇一样，就那么蓬勃着、延续着。真实情况却是另一个版本。当我刚和一个小朋友熟悉到可以分享秘密的时候，就会因为父亲转业、退伍或者调到别处而不得不分离，有时候甚至来不及道别就各自天涯再也不见了。这就像朴树的《那些花儿》唱的那样："我曾以为我会永远守在她身旁，今天我们已经离去在人海茫茫。她们都老了吧？她们在哪里呀……"我不知道那些曾经的伙伴都散落在哪里，我与他们共处的日子因为找不到可以共情的人而变得不真实，像是我的臆想。我害怕自己会忘了他们，也害怕他们忘了我。我这样胡思乱想着，特别渴望表现出一种存在感，希望每一个人的目光里都有我，也奢望着许多人的心里都有我的位置。

可是，有什么办法来测定我是不是在某人的心里或者是感情里呢？思来想去，只有生病。

病人要有病的样子。没胃口，不吃饭，没精神，不说话。这样折腾了几天，神色果然像真的病人一样。父母着急上火，领着我往医院里跑，自然是查不出什么来的。

对于病人的亲属来说，查出来一个结果，即使是最糟糕的，也比没有结果好。查不出，是未可知，未可知从来都是最可怕的事情。看着家人的忙碌与无措，渴望证明自我存在感的念头已经烟消云散，罪恶感和负疚感像是涌上岸的浪潮，层层叠叠，将我吞噬。

我说："我没事。"

家人却因此而愈发怜惜我，以为我懂事，这更让我难堪。于是，我真的病了。像是要惩罚我的恶作剧似的，我的阑尾骤然疼了起来。我不敢相信来自肠子尾端的真实疼痛，以为是自己想象的疼痛蔓延到生活中来了。我只有咬牙忍着，却终于忍不住，脸色煞白地被父母背到医院。

急性阑尾炎——这个结果不是我想要的。我躺在病床上，听医生和父母沟通说，根据病症，可以采取保守治疗，静脉注射，禁食。父母庆幸我不必"挨一刀"接受手术，我却不敢面对他们终于放下心来的宽慰表情，觉得自己又傻又愚蠢。

同学和老师来看望我，关切地问我还疼不疼，劝慰我不必担心落下的功课，他们都会帮我。好朋友更是每天放了学便来看我，为我讲解当天老师教授的课程。我羞愧不已，再没有了要证明什么或者探查什么的好奇心。爱，或者关心，是不需要证明的。一个人的存在感，也不需要刻意地去证明。这世间，并不是所有事情都能够像数学公式一样，用"因为""所以"证明出来。做学生，就认真地做一个学生该做的事情；做儿女，就认真地做一个儿女应该做的事情；有一天，走到社会上去工作，那就认真地承担属于自己的责任与义务。我想，这种认真地去做符合自己年龄与身份的事情的态度，就是生而为人最好的证明吧。

关于装病的历史，到此，也算是一个终结了。

我要闪闪发光的人生

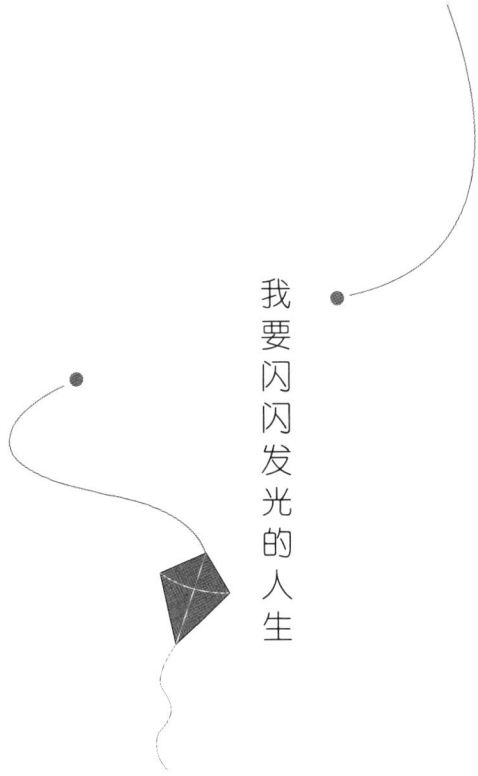

有热爱，才自律

✿ 陶瓷兔子

因为能够自由选择自己的所爱，所以才有了日复一日的坚持，才拥有了「自律」的品质。

因为我用的阅读 App 有个"阅读时长排行"功能，所以有个在通讯录里沉寂了很久的朋友冒出来问我："你不是也要上班吗？怎么还能保持每周十几个小时的阅读时长啊？"我回答道："坐车的时候看一会儿，开会的间隙看一会儿，睡觉之前看一会儿。"

她听我说完，连着抛来好几个表情包感慨："你真的太自律了，我给自己定了每天阅读半小时的目标，努力好几年了都没达到。"

"为什么偏偏要设这个目标呢？"我问。"还不是怕一直不学习被社会淘汰嘛。"她说。

像一种责任，一种义务，像很多明明一点也不爱，还要打着"为自己好"的旗号拼命咬牙去做的事情：比如，成箱买来但连封皮都没拆的书；比如，从来见不到的清晨 5 点的天光；比如，立志每天要写 500 字结果不到三天就抛到脑后……

我早几年也很迷信"自律"这个词，它里面包含的那种苦行僧般的自虐似乎带有一种查漏补缺式的修正——你懒所以要早起，你胖所以要锻炼，你刷视频成瘾所以要多看书……

可后来我却发现并非如此，很多我们以为是"自律"的表现，在当事人来讲不过是"自由"而已——

因为喜欢大汗淋漓的感觉而去运动，因为喜欢沉浸在文字中才去看书，因为喜欢晨间的清风所以选择早起……因为能够自由选择自己的所爱，所以才有了日复一日的坚持，才拥有了"自律"的品质。

去找自己真正喜欢的事情，而不只是"打发时间"，自律不过是自由的副产品，既没必要被模仿，也不应该被过誉。

他坐拥一千多万粉丝，是一个很有故事的男同学。他对电子产品的热爱是原始的，更是刻在 DNA 里的。

想起夕阳下的
奔 跑

❋ 琦 惠

其实，我想成为"何布斯"

"老师好我叫何同学"，这是一个视频号，也是 B 站的顶流。博主用几年的时间发布了数十条视频。他坐拥一千多万粉丝，是一个很有故事的男同学。

这个真名为何世杰的"何同学"，是"Z世代"崛起的传奇人物，在青少年中有很大的影响力。毕竟，他对电子产品的热爱是原始的，更是刻在 DNA 里的。

何世杰出生在一个整体氛围轻松、开明的家庭，他的父母都是高才生，都对电子产品怀有浓厚的兴趣，甚至从何世杰出生起就一直用 DV 记录他的成长。从小的耳濡目染，让何世杰从 13 岁开始就接触到"烧钱"的数码产品。

彼时，何世杰最喜欢的一件事，就是在周末让父母带自己去参加电子产品展会。

每一次观展，他不是走马观花地看一遍就回家，而是在展台前驻足良久，仔细观察各种各样的展品，获取专业人士的知识介绍。

那些顶尖的、前沿的数码产品，在他眼中就像一件件发光的宝器。他时常思考：该如何呈现这些电子产品的独特魅力？

"其实，我也拍过一些类似的视频，但从未给旁人看过。"何世杰曾经诚恳地说道。他看似只是珍视与远观数码产品，实则一直在想办法靠近它们、拥有它们。

一次考试过后，由于何世杰成绩优异，父母打算送他一件礼物。何世杰没有任何犹豫，希望爸妈送自己一台iPhone4，当然，他还"配套"地给自己买了一本《乔布斯传》。

何世杰自谦为"何同学"，实际上，他更想成为"何布斯"。起初他不知道怎么研究电子产品，就从深入地了解它们入手。那些年他拍摄了许多作品，但都束之高阁，只在高三那年才将一条视频公之于众。

何世杰既理智，又诗意。凡是他想做的事情，一定会很认真地对待。可每一件他想做的事情，又不是那么简单、机械的，他总能赋予原本生硬的画面更多的灵动性。他对电子产品发自内心的喜爱，让他慢慢地插上一双翅膀，飞向

更远的地方。

当然，我要先做"何同学"

高中毕业后，何世杰来到北京邮电大学读书。临行前，他向父母"讨要"了一部新相机，将其作为自己的入学礼物。这部相机陪伴他度过大学时光，记录了许多难忘的瞬间。

何世杰喜欢拍摄，更喜欢拍摄测评视频，在这一领域异常地努力。上学期间，何世杰会在每一个周五的下午从北京回到太原的家里，在全黑的卧室里拍完视频素材，再回学校进行剪辑。严寒酷暑，来来往往，何世杰并未觉得辛苦。更多的时候，他是在享受，包括待在那间布置成纯黑色的卧室，他都感觉是舒服的、踏实的。

"一个完全没有光的房间，让我感觉很放松，很自由。"这个用三百多张黑色卡纸糊住了门窗的房间，对何世杰来说，就是一个小小的、自我的世界。他的大多数视频都是从这个世界里"生产"出来的，他的诸多天马行空的灵感，也是从这里迸发出来的。

"我不喜欢周围有人看着我录这个东西，真的特别尴尬。"他喜欢安安静静地做测评，不想被任何人打扰。有压力的时候，

他就用自己独特的方式——捏泡沫纸来发泄。

泡沫纸捏得越多，意味着测评的难度越大，承受的压力也就更大。在一次测评过程中，何世杰甚至躺在床上大哭了一场。但他一直不肯向他人透露自己为何如此崩溃，只向家中的小猫倾诉过。

2019 年，何世杰发布了一条视频《有多快？ 5G 在日常使用中的真实体验》。仅一天时间，这条视频就转发过万，播放量突破 50 万次，在 B 站同屏观看的人数达到了两万人。何世杰以他独特的视角，向我们具象地展示了 5G 运行的速度。在他的镜头下，我们不仅发现了这个电子技术的研发是多么超前，还意识到世界将因它而更加有趣。

与其说何世杰是一名电子科技 UP 主，不如说他是理工界的诗人。只要仔细地观看他所制作的视频，你就会发现，何世杰的每一个作品其实都在"夹带私货"，他是在变相地向我们展现当下的时代有多么美好，每一个零件又是多么地富有存在的意义。

他的奇奇怪怪，最终成了可爱、厉害。何世杰的坚持与创意，让他进入了大众视野，也让苹果公司 CEO 注意到他，并与之进行对话；他还收到了华为公司的 Offer，变成了当之无愧的"当红炸子鸡"。面对突然的爆火，何世杰慌了，他冷静下来后对自己说："你，务必要慢下来。"比起成为"何布斯"，这时的他只想谦逊地做"何同学"。

最后，我还是何世杰

何世杰受到的关注，还有许多，比如他接受过央视的采访，当过《非正式会谈》的特约嘉宾……但在盛大的热闹过后，他选择了重新回归简单，用一个小小的工作室继续追梦。

大学毕业后，他一如既往地拍摄电子产品测评视频，坚持做一些小发明。有创造，自然会被关注；被瞩目，也会遭受非议。何世杰后期做的几个视频，都被观众诟病过，他的更新速度更是做自媒体的一大"硬伤"。

即便如此，何世杰始终保持初心，坚持原创，坚持慢工出细活。他的日常生活相当枯燥，基本上不关注外界，手机每天只用 2 个小时，多数 App 都处于未曾启用的状态。

"我没有很大的驱动力去做很多事情，我唯一能做的事，可能就是做视频。"何世杰不否认自己是一个无趣的人，虽然在那么多人的眼中，他明明那么有才又有趣。

拥有码头的人

谢鹤醒

一

我从未见过南希，却在好多年前就听过她的故事。

她的妈妈段老师是我曾经的同事。我从大家的口中拼凑出南希的大致模样：西班牙语硕士研究生，曾获中央电视台西班牙语大赛一等奖，性格开朗，爱好广泛，可谓从小优秀到大。

即使从未见过面，她在我这里的存在感也很强。首先是因为她频繁更新的个人社交平台，其次是因为她展示的日常生活片段和同龄人大相径庭：当所有人都在按部就班地打工挣钱时，只有她执着地追寻着梦想——成为一名演员。

曾经，南希参加中央电视台西班牙语大赛接受采访时，被问及以后想做什么，她的答案是："尽管我现在对未来并没有一个确切的计划，但我希望自己能够从事与舞台相关的工作，演员或者主持人之类的，或者从事新闻行业，我也很喜欢。"

据说那个时候她还没有明确自己将来要做演员，所以便有了接下来的一系列尝试：参加综艺，出演微电影、话剧，参与剧本朗读，进行短视频拍摄、网络直播……她甚至去了北京电影学院进修。研三一整年，南希一直在确定自己到底适合哪种工作。

毕业后，她当过翻译也接过戏，终于，她笃定最想做的是演员。于是，她的演艺生涯开始了。

二

按照大众的理解，近到站在小剧场的舞台上，远到出现在银屏中，外形和天分都是敲门砖，而南希的先天条件很一般。

除了外形，非科班出身、资质平平等现状又给南希的表演之路增添了不少障碍。起初的一两年，她在北京漂泊，不断地面试话剧；偶尔谋得一个小角色，比如 20 多岁的她出演女主角的后妈……她从不觉得惆怅或可惜，反而大大方方在个人社交平台上展示剧照，分享自己的喜悦与激动。大部分时间，在排练或等消息的间隙，她都在打磨基本功，大到学习新舞种，小到调整面部表情……

我时常想，"特立独行"的南希执着地选择了一条少有人走的路，这意味着她必须要练就一颗自信自强的心。倘若她一开始就利用自己的专业优势，按部就班地求职，估计很快就能在西班牙语翻译领域闯出一片天地吧。

然而她从未改变过初衷。

最难的几年，剧场关闭，接不到戏……南希漂在偌大的北京，努力谋生。我从南希的微博里得知，父母屡次劝她回西安，可她除了短暂休整外，最终还是选择回到北京。

段老师总在我面前说觉得我和南希很像，并有意介绍我俩认识，又尝试拿我的例子劝她："你看看小谢老师，做着一份稳定的工作，和父母住得近，利用业余时间写写稿子……同样是追求梦想，什么也没耽误，多好啊。"

我很清楚，段老师内心是希望女儿回到家乡，陪在他们身边。然而我更清楚，南希跟我不一样，她原本就比我优秀，也比我勇敢，没有人能轻易说服她。

何况，为什么要说服？我羡慕她还来不及。

好消息是，她的坚持终于迎来了回馈：2023 年，她不仅当上了女一号，参演的剧目还在乌镇戏剧节上小火了一把。

后来，我在她的个人公众号里看到她精心编辑的个人简介，罗列了参演的话剧、参与的翻译工作等。我很喜欢结尾的那句话："用翻译的身份体验生活，用演员的身份呈现生活。"

我由衷钦佩这个从未谋面、能量满满的姑娘。不是因为她才华横溢、勇气可嘉，而是她无论在何种境遇下，都有一种自洽感。这比任何能力都难得。

◆三◆

时间倏忽而过，如果我没有记错的话，

今年南希刚刚 30 岁。

翻看她的个人社交平台发现，最近她又开始上班了。虽然我始终认为，那个站在舞台上肆意张扬的演员南希魅力四射……但眼下这个默默无闻的白领南希似乎并没有丧失光彩，她依然活力满满地生活着，没有一刻放弃提升自己，始终向着内心的目标努力。

我知道，只要一有排练、演出的机会，南希还是会紧紧抓住。

不久前，我偶然读到诗人阿米亥的诗，想起了南希："活着，是同时去造一条船，再建一个码头。搭好那个码头，在船沉没以后很久很久。"我曾以为写作的理想是我的航船，而教师的工作是不得已建造起来的码头；就像我以为站上舞台表演是南希的航船，西班牙语翻译是永远能承托她的码头。

我悲观地认为每一个普通人都会遭遇理想航船的陨落，最终回到曾经万般逃离的现实码头旁，面对真实的生活。

其实不是。

真正的航船是我们握紧的每时每刻。在理想与现实之间，所有的野心与尝试、欲望和才能，都在引领我们航行、探索或征战。

与此同时，我们内心那原本不起眼的、不完美的、有伤痕的自我，却在不断地生长和加固，那才是我们始终拥有的码头。

船沉没了还可以再造，有码头就可以出发；就算造不出船了，码头也还在那里，或成一番风景，亦可承载别人造的船。

成为一个拥有码头的人，才是真正的不虚此行。

曾 经，我 害 怕 那 束 追 光

❋ 朱洁静

9岁那年，我考入了上海舞蹈学校。当时，我并不明白舞蹈是什么。我去报考的原因非常简单：6岁时，我妈送给我一条很漂亮的裙子，我穿上裙子不停地转圈。3年后，当上海舞蹈学校的招生简章贴在我所在的嘉兴市少年宫时，我想：这不就意味着我可以天天穿着裙子转圈了吗？带着对未来的美好憧憬，我跨进了舞蹈学校的大门。

真正开始学舞蹈后，我才发现每个人都穿着非常简单的体操服。我们每天在教室里做"擦地"的动作，就是用脚擦地板。一擦就是一节课，45分钟；一擦就是8个小时，结束后小腿硬得像石头一样；一擦就是6年，脚上全都是茧。

从学校毕业后，我有两个选择：一个是继续深造，另一个是进团工作。最终，我选择在舞台上尽情地去实现我的舞蹈梦。16岁的我，从一名舞蹈生变成了一名舞蹈演员。

对一个舞蹈演员来说，光并不是一个抽象名词，而是可以看得见、摸得到的。舞台上最亮的那束光，是为主角而亮的。不管主角到哪儿，这束光都会一直追着，专业术语叫"追光"。但我不曾和任何人提起，我偶尔会害怕这束追光。

刚进舞蹈团时，我是从群舞开始跳起的。两年后，我如愿以偿地拥有了自己主演的第一部舞剧作品《霸王别姬》，我饰演虞姬，主角的这束追光终于照到了我的身上。在兴奋之余，18岁的我开始患得患失，担心明天这束光就不会照在我身上了，也担心自己配不上这束光。

《霸王别姬》之后，我成了团里每一部剧的女主角，也成了上海歌舞团的第一批首席演员。然而，我的焦虑并没有因为一直站在舞台中央而减少，我更加如履薄冰。上台的时候，为了保持身体轻盈，我一天都不进食。我不允许自己出错，不允许一根头发掉下来。我认为，只有跳得好、更好、足够好，才可以永远留住属于主角的那束光。

就在我觉得自己这一辈子只有跳舞这一件事可做的时候，我在排练舞剧时意外受伤了。医生告诉我："你不能跳舞了。"那时的我躺在窗帘紧闭的病床上，什么也做不了，见不得朋友，见不得家人，更见不得光。我该怎么办？

有一天，风吹开了窗帘，从一条小小

请松弛一点，别把自己束缚在单一的标准里，别错过身边的大好风景。光，自然就会出现。

的缝隙里，钻进来一束淡淡的光。那束光和舞台上的光相比太微弱了，轻轻柔柔的，却充满了力量，一下子击中和穿透了我。我对自己说："你在干什么？你是朱洁静，你要让自己站起来！"

然后，我拄着拐杖去找导演，对他说："你一定要等我，我很快会好起来的，我要当女一号。"5个月后，我不但可以站起来，而且可以蹦跳了。但是，导演没有等我，我回到了角落里。这一次，我在角落里把主要演员的舞段全学完了。直到有一天，导演对我说："来，站到中间，把主要演员的舞段跳一遍。"

后来的日子里，我又跳了很多舞蹈，还3次登上了春晚舞台。观众席越来越满。

然而，随着年龄的增长，我开始面临每一个舞蹈演员都会遭遇的问题——身体机能下降。没有人可以和时间对抗。当我连跳10个大跳后气喘吁吁，而身边年轻的舞者跳完大气都不喘的时候，我又开始焦虑：我还能跳多久？这束光还会在我身上停留多久？它会不会一点一点暗淡下去？

有段时间，我去参加了一个好玩的节目。这段经历让我突然明白，舞台上的光

原来不止一束，每个位置都会有光为我而亮，舞台的中央也并不是视觉的唯一焦点，每个姐姐都散发着自己独特的光芒，我们都站在自己人生舞台上的"C位"。

今年4月，舞蹈学校进行了新一轮招生考试。看着来来往往的年轻面孔，我特别想去抱一抱过去的自己。我想对当年那个受伤的自己说：别怕，先恢复，恢复不了咱还可以去开奶茶店或者去考教师资格证；我想对那个在舞台上紧张、焦虑的自己说：学会享受舞台、享受角色，导演选择你，就是因为你跳得很好；我想对那个参加比赛的自己说：尽力就好，即使输了也没关系。

今年，我39岁了。我开始接受自己变得不那么完美。我们总是希望被人认可，但是不要忘了，其实生活是我们自己的，我们要忠于自己的感受。

如今，我登台前依然会紧张，会焦虑，会睡不着觉，但我不再把这种感受当成洪水猛兽。"光"的英文单词是light，light也有"松弛的、轻松的"的意思。所以，请松弛一点，别把自己束缚在单一的标准里，别错过身边的大好风景。光，自然就会出现。

我的电视梦

✹ 李柏林

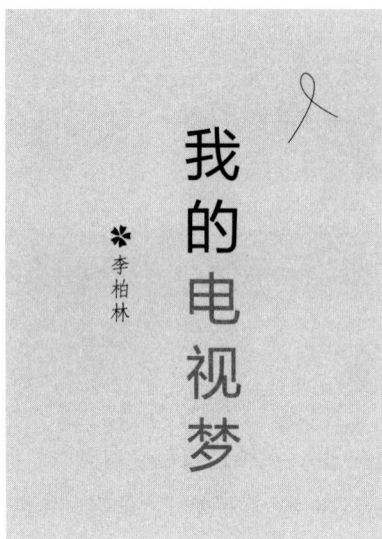

这世上也许有一千种规则，阻挡了我们前进的路，也许有一万种不幸，恰巧被我们遇见，但是努力总能让我们与梦想相遇。

我出生在一个教师家庭，父母身边的亲朋好友也都是老师。在小镇，老师总是受人敬重的，我曾一度认为，以后我也会考个师范，再回到小镇当老师，过着和他们一样的生活。

直到十二岁那年，我的想法彻底改变了。

起因是离我家不远的地方，有个在外地打工的年轻人，我们甚至都不知道他的名字。突然有一天，他的老婆跟人聊天时说，他要上电视了。这件事在小镇传得沸沸扬扬，大家都觉得身边居然有了能上电视的人，对他也是刮目相看。

打听后才知道，他在一家床垫厂上班，厂长想在电视台投放广告，准备在一档综艺节目中，植入他们的品牌。而恰巧他被选中，成了那个宣传的人。我们当时议论纷纷，是被采访呢，还是喊口号呢？但他老婆一直说节目没播出是不能剧透的。

我们就这样焦虑地等待，直到节目播出那一天。那档节目本来是我们从来没关注过的，但是因为节目中会有同乡人，我们都感到特别自豪。节目快开始的时候，几乎镇上所有的人，都腾出时间坐在电视机旁，生怕错过一个镜头。

直到节目快结束的时候，画面切到了观众席，有很多牌子在晃动，我们才看到他举着一张大牌子，上面写着某某床垫。镜头一晃而过，可我们却想努力记住每个细节。

整个镜头顶多三秒，但是这件事却在我们那里发酵了三个月。等到过年的时候，他一回来，街坊邻居都去他家凑热闹，问他主持人漂不漂亮，节目怎么录的。他也拿了瓜果茶水招待大家，红光满面地讲他在外的见闻，这和衣锦还乡没啥区别。

我们这群孩子也去凑热闹，我当时觉得，

上电视简直太风光了，它的魅力比赚大钱、考大学还要吸引人。我不禁对聚光灯下的人生充满了好奇。

高考后，我如愿报考了电视新闻专业，听说这个专业，有成为主持人的，有成为出镜记者的，也有成为编辑的。那个暑假，我在网上到处搜索哪些主持人和明星是新闻专业毕业的，想到不久后，我也会和他们一样，在电视上闪闪发光，内心一阵窃喜。

有一年寒假，我回去看外公。当时外公家里的电视只能收到两个频道，一个市里的，一个县里的。每天晚上七点，他都要准时收看新闻联播，然后看当地的天气预报，后面通常会放一些地方新闻，有时候是主持人采访报道，有时候是出镜记者下乡讲解。冬天的乡下很冷，屋子房梁很高，感觉每个砖头缝都透着寒风，可外公却披着棉大衣看得津津有味。突然，他指着电视上的出镜记者说："你学的那个专业，是不是以后就像她这样？"

我说："应该是吧，天这么冷，赶紧睡吧，这又没啥好看的。"他说："咋不好看？一想到以后你就会在这节目里，我比看电视剧的瘾还大呢，等哪一天你去上班了，我每晚都看。"

可是他不知道，他以为优秀的外孙女，却在找工作的时候四处碰壁。在一次次面试失败后，好不容易成了市电视台的一名编辑，还是合同工。我刚办完入职手续，老家就传来外公病危的消息，而我因为害怕失去那份宝贵的工作，错过了见他最后一面的机会。甚至因为还在实习期，怕给领导留下不好的印象，连参加葬礼都匆匆

忙忙。

回去的那天，我坐在火车上，从上车哭到下车。我在心里说，外公你别怨我，这是你最希望我去的地方，你也是希望我好的吧。离开的时候，我又一路哭回去，在心里说，外公，再等等，我很快就可以出现在电视上了。

可是工作了一段时间后，我才发现电视台的工作并不像我想象的那样光鲜亮丽，台里分工明确，主持人和出镜记者负责在屏幕前，而我这种普通话不标准的编辑，就只能永远存在于幕后，想出镜难于登天。

而我在电视台，连个编制都没有，更别谈被领导重视了。本以为靠着有点写作功底，能在单位有点存在感，没想到刚开始，我把一篇文采斐然的解说词交给领导，结果领导却当着同事的面，对我劈头盖脸一顿骂。说我写的句子这么长，这么拗口，还有生僻字，让主持人怎么读？

一段时间干下来，我身心疲惫，每天只有写不完的稿子，干不完的幕后。等了很久，也没有转正，觉得自己的希望也渐渐熄灭。

也许事到绝境总有转机。有一次，隔壁的访谈栏目急需一个人物采访稿，恰巧他们的编辑休假了，我就被派去临时救场，也因此和那个栏目的编导成了朋友。我们偶尔会跟朋友一起聚聚，闲聊时，他知道了我有一个电视梦，也知道了那是外公的夙愿，也是我对外公的承诺。

他拍着胸脯说："这还不好办，我们的访谈栏目就是采访文化名人，还有一些优秀青年，你的故事又感人，又励志，你

还发表过那么多篇文章。努努力,出本书,我再推荐一下,上电视是迟早的事。"

我听后,内心的欲望一下子又被点燃,而且火势正盛。回去之后,便一头扎进书本里,下了班就在出租屋里看书,写稿。当我终于出了书,以为只需要等待机会的时候,才发现,他把机会给了别人。而那个人并没有出书,甚至发表的文章也没有我多。我才明白这世上,除了努力,还有一种东西叫人情。

可幼稚的我,以为我们是朋友,从没怀疑过他话里的真诚。这好像是我上电视的最后一张底牌,却也没有打出去,那一刻,我失望透了。其实比失望更让我难过的,是电视台效益不好,据说我们这些编外人员很快就会被清退,眼看一切都那么无望,我直接辞了职。

回到家乡后,我不再做不切实际的梦了,于是去做了一名老师,和我十二岁之前的计划一样。可是每当我一个人走在路上,我就特别不甘心,不甘心自己努力了这么多年,学了几年新闻,又在电视台埋头苦干了几年,最后连个脸都没露过。于是,我决定备考家乡的电视台。

那时,我已经过了择业期,学历也受限制,只能考一些三不限的职位,而且好久没考试了,我的学习能力也变得很差。尽管我很努力,可是考了两次后,依旧没有上岸。第三年,我破釜沉舟,辞了职专心备考,结果那年电视台不招人。

得知消息的那个下午,一直骄傲的我,哭了好久。我觉得自己这些年,能力也不行,运气也不好,马上年过三十,人生大事一件也没着落,简直太失败了。

书白背了,工作也白辞了,可生活还得继续,我只得硬着头皮出去找工作。转悠了一圈发现,现在新闻专业对口的工作不再是电视行业,而在新媒体。可我这几年满脑子都是考试,接触的也都是传统媒体,与这个社会严重脱节。几场面试下来,人家问的问题我一概不知,而那几年的电视台经验,别人也压根不在乎。

要想找到工作,就必须得跟上时代的变化。回到家,我开始研究什么是新媒体,突然,我有了灵感。我想尝试一下新赛道,开始做自媒体,把写作也拾起来。

我有个朋友,会剪辑,普通话好,形象也好,正在待业中。我找到她,说趁着风头我们一起做自媒体吧,脚本策划文案交给我,剪辑配音出镜交给她。她问我有多少粉丝,我说账号还没建呢。

她听完想都没想，直接拒绝了我。

没办法，我只好选择自己干。为了隐藏自己的劣势，我选择了图文类型的赛道，自己找热点，做文案，一点点做起来一个账号。后来我发现各平台都开始做直播了，我在想，我是不是也可以突破一下自己？

但是我长得并不好看，在青春期里，我曾经自卑了好久。我不会化妆，平时生活中也都是运动服，与直播里那些青春可人的女孩子没法比。为了踏出这一步，我开始在手机上刷化妆视频，学色彩搭配，还买了网课，折腾了好几个月，我才勉强学会一点儿，仅仅能让我在直播时看起来不那么寒碜。

有一次直播，有个陌生账号一直很活跃，下播后，才知道她是我的初中同学。那时候通信不发达，自毕业后，我们就断了联系，没想到竟然因为直播重逢了。她说："记得上学时你就出类拔萃，我还以为你会跟你爸一样当个老师呢，没想到你现在这么优秀。刷到你的直播后，我第一时间分享了朋友圈，告诉大家，这可是我的初中同学啊！"我听完，突然想到了十二岁那年我看那个综艺的样子，心里泛起了一丝自豪。

从那以后，我变得更加自信。我用自己的账号给作家做过采访，分享过自己的写作心得，讲过一些八卦段子，好像自己导演着一场节目。我也因为自媒体被导演看到，真的去录了一个热门的综艺节目，被更多的人认识。我的观众也从我自己，变成了一千人，一万人，十万人……

可很多时候，我还是会感到遗憾，好可惜，外公没有看到后来的我。但又想想，我那时还是个菜鸟，即使上了电视，也不过是几秒钟的镜头，又怎么忍心让外公为了等我的一个镜头，在那个空旷的堂屋里每晚挨冻呢？可每次下了直播，我还是会想，如果外公还在的话，该有多好，我会给他买一部智能手机，那样他就能坐在被窝里，准时收看我的直播，还是全程无广告，只有我自己的电视节目呢。

实现梦想的方式不止有一种，我另辟蹊径，也算是实现了儿时的电视梦。这世上也许有一千种规则，阻挡了我们前进的路，也许有一万种不幸，恰巧被我们遇见，但是努力总能让我们与梦想相遇，就像全世界的水，只要川流不息，总有一天会奔流入海。我曾经暗淡无光，如今也为自己打上了一些光，让人生有了色彩。只因在被爱和热爱中，我做了人生的导演，也做了人生的主角。

我像飞天小女警一样奔波着，跨越山川湖海，跨越时区四季。

拥抱世界的
小城女孩

❀ 巫小诗

一

我出生在江西的一个小县城，一个至今没有通火车的小县城。

18 岁之前，我没有离开过那里。

有人曾说"一个人的行走范围，就是他的世界"，对 18 岁之前的我而言，我的世界就只有县城那么大，掏一块钱坐上公交车就可以环游一圈。

那时候的手机上网不太方便，我对外界的认知只能来自电视、书籍和发烫的台式电脑。

那时的我怎么也不会想到，30 岁的自己，不仅走遍祖国，完成了 18 个国家的旅行，而且把环游世界变成了工作。

我第一次正式离家，是 2012 年出省上大学。从我家去湖南大学要坐 4 个小时的汽车，说起来不算太远，却是我坐车最久的一次。

因为晕车吐得翻江倒海的我，在步入校园的那一刻便"满血复活"了。

我知道，我崭新的人生要开始了，我有真正属于自己的时间了。

中学时期我就喜欢写作，并在杂志上发表了一些文章，但苦于课业压力大，没有时间写，也苦于中学生活太枯燥，没那么多素材写。

大学就不一样了，在课堂上可以学

到写作技法，课后的时间也都是自己的，我的生活丰富了很多。

长沙是一座有趣的城市，老师带我们去湖南卫视当了好几次观众，那时候《快乐大本营》还在热播，我们坐在最前排观看，可开心了。

我利用大学的课余时间写了很多篇文章，并将它们发表在大大小小的杂志上。一份份稿费飞向我，我渐渐有了自己的小金库，并开始旅行，由近到远，从省内到省外。

终于，大一那一年的暑假，我第一次走出国门，去了尼泊尔。

一切都是那么新鲜，当我乘着滑翔伞飞翔在油画一般美好的天空中时，我觉得那么多个埋头写文章的日夜都值了。

后来，每年的大小假期，我都会出去旅行。

我在与世隔绝的岛屿静候过日出和日落，我亲眼见到了那些壮美诗篇里的风景，我摆出了在各种经典电影的场景里主人公摆出的同款造型……

稿费变成了路费，一路的见闻再变成一篇篇文章，一个良性的循环产生了。

小城女孩在一次次的旅行中变得更加自信、勇敢，在旅行中也渐渐能大方表达自己的想法。我原本十分害羞，但在旅行中交了很多朋友，甚至会主动给别的旅客提供帮助。

因为旅行，我变成了更强大的自己；因为旅行，我的小小的世界也在变大。

二

毕业后，我按部就班地找了一份工作。我依旧在业余时间写作，在节假日旅行，我从未放下自己的爱好和初心。

2016 年，互联网飞速发展，我在工作之余运营着自己的微信公众号，写写生活，写写旅行见闻。我原本抱着自娱自乐的心态，没承想渐渐拥有了不少关注者，也因此有了一些收入。

在某个忙到焦头烂额的日子，泰国旅游局联系了我，想邀请我去泰国旅行，机票和酒店费用全免，在泰国的所有行程也都是高规格接待，他们只想让我回国后写一篇旅行体验。

我决定辞职。就这样，我成了一名自由职业者。

泰国的旅行邀约只是开始，后续还有其他旅游局以及各家航空公司、各个旅行App 的工作邀约，旅行免费，还有稿费，环游世界就这么梦幻地成了我的工作。

我像飞天小女警一样奔波着，跨越山川湖海，跨越时区四季。

辛苦吗？当然辛苦。当旅行变成了工作，玩便不再是唯一的目的。我全程都要想着怎样记录、怎样书写、书写时怎样不落入流水账的俗套，精神一直是紧绷的。

可工作哪有不辛苦的，能把爱好变成职业，我很知足。

看着一个个陌生人的留言，"谢谢你替我去看了世界""谢谢你给我打包的诗和远方"，我很欣慰。

三

环游世界的工作让我见了世面，也看到了世界的参差。

记得有一年夏天，我因为一个撰稿的工作要坐飞机去澳大利亚，合作方给我安排的是商务舱，那是我第一次坐经济舱以外的座席。

我能预想到商务舱的座席会更舒适、餐食会更丰富，但我不知道每个座席旁居然还有一个精致的洗漱包，里面装着一套不错的洗漱用品，确实很贴心。

洗漱后，我把洗漱包装进了我随身带的包里，看着窗外的夜色暗自许愿："我要努力工作，争取以后经常坐商务舱。"然后，戴上眼罩入眠了。

下飞机时我才发现，那个我小心翼翼收起的洗漱包，隔壁座的乘客在使用后就丢弃在座位边，并没有带走。

那个瞬间我有点儿沮丧，我辛辛苦苦见到的世面，只是别人的习以为常。

转念一想，我又释怀了，我从火车都没通的小县城一路走来，能坐飞机的商务舱去海外出差，我不应该自卑，应该骄傲才是。

走了更远的路才到达同一个目的地，是会更辛苦，但也更有成就感，不是吗？

四

现在的我，因为怀孕生子，旅行按下了暂停键，但我依旧在书写，写我的家庭，写我的孩子，写我所经历的一切。互联网的便利让我可以足不出户完成工作，能够将家庭和事业平衡得很好，我很满足。

很喜欢海明威在《流动的盛宴》里写的那句话："如果你年轻时有幸去过巴黎，巴黎会一生都跟随你。"

我年轻时有幸去了很多城市，在我最无忧无虑的年纪，看到了最简单纯粹的风景，它们是我生命里的宝藏，我会一辈子珍藏。

谢谢教育，让我可以走出县城，走进大师的讲堂；谢谢写作，让我可以走出校园，拥抱更广大的世界；谢谢互联网，让我拥抱世界的时候可以填饱肚子，让我拥抱孩子的时候可以保住饭碗。

谢谢这个时代，让小城女孩拥有了 18 岁时不敢想象的未来。

小王当学徒

刚认识小王的时候，他超级潇洒。白天睡觉，晚上泡吧，某天突然觉得自己需要干点什么正经事了，就在长沙五一大道开了一家甜品店，一时红红火火。

甜品店看起来很洋气，但竞品太多，第一次创业的小王焦头烂额。

一天，朋友带他去了一家好吃的粉店吃粉，小王看着络绎不绝的客人，突然萌生出想做粉店的念头。甜品店的新品更新速度太快，客人没有忠诚度。但长沙人爱吃粉是一种习惯，只要认真去做，味道地道，出品稳定，自然能留住客人。

脑子里转了那么一圈，小王吃完粉就跟老板说："老板，收学徒吗？交学费那种。"

老板说考虑考虑。

没多久，小王就真去粉店工作了。

周围的人都觉得小王太好笑了，一个爱泡吧的甜品店的老板，突然去一家粉店当学徒。

学什么呢？学端粉，学收碗，学擦桌子，学倒潲水。

小王说自己头几天都快吐了，但他很清楚自己是交了学费的，学习忍耐也是人生的一门必修课。

以前的小王总是白天睡觉，晚上浪荡。当了粉店的学徒后就变成了每天晚上十点半准时睡觉，早上五点起床。

我相信命运会垂青每个人好几次，但次数用光了，你还没意识到那是命运的垂青，那就不能怪命运了。

❋ 刘 同

做自己相信
且喜欢的事

小王倒没有任何不适，他的朋友们全傻眼了。小王因为开过甜品店，所以上手非常快，没过几天，整个粉店的出品就是小王一个人负责了。

下粉、卡时间、舀汤、放料、盖码，一气呵成，老板负责在旁边指挥。

就这样，几个月后，小王学徒到期，他决定自己当老板，开一家粉店。

粉店起名：隔壁小王长沙粉行。

我问他："几个月到底能学到什么？难道是学到了秘方吗？"

小王摇摇头："其实也没有什么配料上的秘方，最大的秘方就是'吃得苦，耐得烦，不怕死，霸得蛮'。开实体店就是要拼，要守，比的是质量。我在，店就在。我不在，店就亡。以前我还是太幼稚了，总想轻而易举就上岸，现在不会了，但也更踏实了。"

今年，离小王开粉店过去四年了，他的"隔壁小王长沙粉行"已经在长沙开了三家店。

我几次回来聊到这个店，周围都有朋友说去吃过，很好吃，我就觉得特别开心。

我问过小王："整个过程中最难以克服的事情是什么？"

他说是收碗倒潲水的时候，尤其是有熟人也来吃粉，看见他在做这些事情，大家的眼神都很微妙。他自己也摇摆不定，觉得自己丢人了。但那时他就不停劝自己不要想太多，慢慢就好了。他说自己以前太矫情了，现在觉得做任何正当的赚钱养活自己的事情，都是理所应当的，人就不要太把自己当回事。

最爱的是酿皮

我还有一个在北京开酿皮店的朋友老王，也很妙。

老王本来自己开了一家营销公司，帮助很多大品牌做公关，每天忙得要命，也挣了不少钱，但她突然通知我们，她要开一家西北酿皮店。

原因很简单，她帮品牌做公关做得不错，但她更想证明自己也能从 0 到 1 做成一个品牌。

老王是西北人，在甘肃白银长大，从小到大吃得最多的就是一对老夫妻推着车卖的酿皮。

她一直在思考——如果找到一个好的产品，是否真的能够把它做成一个品牌？

老王说干就干，飞回白银找那对老夫妻，说服老夫妻把独家配方卖给她，并让他们的儿子在她的营销公司实习上班。

很快，第一家"最喜酿皮"开了起来，里面都是西北特色小吃。

过了三年的时间，"最喜酿皮"已经在北京开了十几家分店了，曾经在西北小吃的点评榜单里排名第一。很多白银人吃到它们的时候都惊呼：这不就是小时候的味道吗？！每当这时，老王就非常开心，觉得自己做了一件好事。

更妙的事情在后头，酿皮店有一款现熬的饮料——杏皮茶。

南方长大的我，从未喝过这种饮料，

第一次喝的时候就被震撼到了，也太好喝了吧！

我让老王没事就给我闪送几杯来喝，搞了几次之后我觉得太麻烦了，就跟老王提议："这个饮料那么好喝，喝过的人也少，不如搞成便携式饮料好了。"

老王用很短的时间想了想，决定开干。

没想到做饮料是件非常难的事，如何装罐，什么材质，怎么杀菌，怎样保持每一批的味道一致，甚至需要提早几年就回敦煌把杏干给收回来，放在仓库里，以防产品销量暴增不够用。

老王总觉得自己懂的东西太少了，于是到处上课。有一次去上MBA的课程，老师在讲台上放了一瓶"最喜杏皮茶"，她就问老师为什么讲台上会放一瓶这个，老师说："噢，这是我最喜欢喝的饮料，而且不放任何添加剂……"

老师还在给她安利，她突然热泪盈眶地告诉老师："这是我做的！这是我做的！"

就是这样的死磕，最喜杏皮茶做了不到三年，因为表现好，就获得了元气森林的投资。

我问老王："通过开酿皮店和做杏皮茶，最重要的是学到了什么？"

她说："我只想通过做一些事情来证明自己的营销策略是否真实有效，做人做事都不能盲目，失败了就失败了，但好在可以一直调整。到今天为止，我也觉得没什么过不去的。为了做杏皮茶收购杏干，我把房子都给抵押了。好在终于熬了过来。"

不务正业去跳舞

还有老家的朋友小火，从小就喜欢跳街舞，被周围的亲朋好友说成不务正业、二流子。

于是"不务正业"的他就把所有的"不务正业"的朋友们集合在了一起，一拍脑门，决定开一个舞蹈公社，没想到第一期学员就爆满了，直到现在。

他的创业十分简单。

我问小火："你做这件事情学到了什么吗？"

他想了想，说："好像没有学到啥，我也不懂那么多，反正我就是喜欢跳舞，就不停地跳舞、比赛，刚好周围也有很多人喜欢，我们就教他们。我们把一样的人聚在了一起，就这么简单。"

后来我回郴州拍电视剧的时候，所有演员的舞蹈动作也都是小火他们帮我们设计的。

这几位朋友的创业虽各有不同，但都是突然意识到自己喜欢什么，然后一股脑就去干了。

我想绝大多数人并不是找不到自己喜欢的东西，而是觉得自己喜欢的东西很可能在别人看来都没谱，一来二去，喜欢也变成不喜欢了，冲劲也没了。

我相信命运会垂青每个人好几次，但次数用光了，你还没意识到那是命运的垂青，那就不能怪命运了。

对一件事情感兴趣，愿意花时间去学，不在意别人的眼光，自己十分投入，能做到以上四点，很多事都能做好吧。

（摘自《想为你的深夜放一束烟火》）

你有过千万种了不起的想法，却忘了，哪怕只从中挑取一个法门，也能渡过迷津，抵达彼岸。往前走吧，春天来不来是春天的事。

拼字当头，赢不赢是另一回事

✿ 狮小主

一

大二暑假期间，我买了一张大连到北京的火车票，并在北京逗留了两天。做什么呢？

我带着小说的书稿，"踌躇满志"地去拜访出版社的编辑，幻想着自己刚好碰到一位慧眼识珠的伯乐。

我的这次造访，事先没有给谁打过任何招呼。此前我给几家出版社打电话询问过，但都被婉拒。因此，这次来北京与其说是"造访"，不如说是"冒失的不请自来"。

前台的一个大姐姐将我领到了编辑部："文姐，这儿有个女孩儿说想出版小说。"

当时整个编辑部几十个人的眼光齐刷刷就扫了过来。一个40岁左右气质颇好的女士走过来，领我到一旁的休息间。她边倒茶边问我："写作几年了，还是个学生吧？"

"写了六七年了，今年大二。"

随后，我们聊了两个小时。走的时候，文姐让我将小说前十章的电子版复制一份给她。

从出版社出来，我整个人有点儿恍惚。原以为对方会被我的描述打动，抑或在看了我的小说后会眼前一亮从而表现出莫大的赞赏。然而，都没有。

那两天，我陆续去了四家出版社，得到的回复都是：样章先留下，合适的话会考虑出版。

回程的火车上，我收到了文姐的短信：小狮，你现在正在经历一个很重要的过程，尽管在这个过程中可能会有无数个令你灰心和失落的结果，但请你务必明白，这只是你青春旅途当中的一部分。你的文字很好，但很多技术性的问题还需要磨砺。我们随时保持联系，假如你在写作上有什么困惑和想法，随时和我沟通。我相信，只要你坚持下去，不久的将来，你一定能得偿所愿。

二

看到这段话，我觉得窗外的世界都变成灰色的了，20 岁的我觉得往后的人生再也没有比这更沉重的打击了。

五年过去了，今年，我 25 岁。现在的我觉得，这件事就像是手臂上的一次痒，无论当时发生时多么山呼海啸，指甲抓过两下后，又云淡风轻不足挂齿了。

从北京返回大连后，我消沉了一段时间。接着，我做了这么几件事。

读书，不断地读书。我开始硬着头皮读完了此前因为人物众多又拗口以至于从不敢觊觎的《百年孤独》，还耐着性子将近两千页的《现代汉语词典》一字不差地看了两遍。在日本作家中，我从只看川端康成和村上春树的作品，到强迫自己去读谷崎润一郎、大江健三郎……以前从不敢去读的维斯瓦娃·辛波丝卡、奥尔罕·帕慕克等人的书籍，后来竟然也成了我的床头书。

在那段精神无助的时光里，我不知道该怎么去化解心中压抑的块垒，唯有一头扎进书海当中。

写作，持续地写作。大三和大四那两年，我将学习之外的所有空闲时间，都用在了写作上。文姐的那番话起初的确给了我不小的打击，但后来变成了一种莫大的激励。

假如只因为一次失败和挫折就颓然，那么，你一定不是真的热爱这件事。抱着笃定信念的人，绝不会因为一时失利而一蹶不振。

我推翻了之前写的所有的故事，在只保留了小说名称的基础上，重新创作了 30 万字。

投稿，疯狂地投稿。我到现在都不知道，我这种"疯狂"究竟是不是已经从当初的激情澎湃转变成了一种执拗。

一次晚间的选修课上，我在稿纸上对着一首刚写好的小诗，反复涂抹和修改，一旁的同学问我："小狮，整天写这些东西，你觉得有价值吗？"

听到这番话，我无言以对。我想说：当然是有价值的！

但对方一定会反问：它们的价值在哪里？你的诗从来没有被发表过，小说总是修修改改后还被出版社退稿，你那些文章除了发发朋友圈还能干什么？ 你说你要成为一个作家，那么你究竟用什么向别人证明，你是一个作家呢？

没有作品，没有名气，靠信念吗？靠梦想吗？得了吧！

三

因此，不知道从什么时候开始，我不再跟别人信誓旦旦地说"我要成为一个了不起的作家"这样的话了。我的生活变成了"读书—写作—投稿"这样简单的样子。

我的奇怪行为，受到了身边同学的质疑。

"你现在连寝室聚餐也不参加了，大家喊你去逛街你也懒得去，邋里邋遢的，衣服也不买，整天写你那些小说，你看看你都成什么样子了！"室友对我说。

"也许你真的可以考虑一下，今后要不要走写作这条路。"闺密跟我说。

"你要再这么每天熬夜到凌晨一两点，身体不出问题才怪！"爸妈对我说。

听完这些话，我仍旧死性不改。以至于后来，室友对我的评价是"不会来事儿、死脑筋"，闺密觉得我"魔怔"了，爸妈对我的态度是"迟早有你后悔的时候"。

当你决定脱离人群独自前行时，你会明显感受到周围人的目光和态度的微妙变化。除了质疑和不理解，他们甚至会将你这种行为视为"挑衅"——这人，真能装！

所以，你没有退路。前面是渺茫，后面是洪流。

不过，在这期间，并非没有温暖和慰藉。文姐总是不断给我送来鼓励和指导，我们成了好朋友。

让我感触颇深的是在大三的一次导师见面会上，小组会结束后，我的导师将我留下来谈心。

"姑娘，听说你一直在写作？"

"是，喜欢写。"

"做自己喜欢的事情，需要很大的勇气，请一定不要放弃啊。"

"其实，我也不知道我的坚持是对是错。"

"不管是对是错，别动摇，认定的，就要一个拼字当头，赢不赢是另外一回事儿。"

四

五年后的今天，我一口气签约了五家新媒体的专栏作家，签了三本书，当初那本"折戟"的小说也正在谈签约意向。不知道从什么时候开始，大家对我的态度来了一个 180 度的大拐弯儿：狮小主，没想到你还挺厉害的！

我再次来到北京，文姐见到我的第一句话是："我没想到，你居然会这么拼。"

我笑着回答："管它呢！"

那天，北京下着漫天大雪。文姐开车把我送到了火车站，进站前，我看见一旁的绿化带外，有数十只小鸟在林中踩着白雪觅食嬉戏。看着它们从容的身影，我心中感慨万千。

有时候，我们困于盲目的焦灼之中，却不敢作出任何改变，生怕一丝的波澜就会引发山呼海啸的崩塌和难以挽回的糟糕局面。于是，在和青春的虚与委蛇中，慢慢将激情和梦想拱手让出。

是啊，手舞足蹈有什么用呢？拼得头破血流难道就能有个好结果吗？可能是我们注定平凡……

你有过千万种了不起的想法，却忘了，哪怕只从中挑取一个法门，也能渡过迷津，抵达彼岸。往前走吧，春天来不来是春天的事。

事实上，春天总是会来的。可躲在黑暗处的人，永远没有春天。

抓住眼前小火苗，
点亮脚下的路

✽ 闫晓雨

那天，我和两斤吃完饭，两个人站在树影里等车。

那天北京有风，天特别蓝，入了夜，整个天幕都是清透的，薄薄的云划过电车轨道，红墙上空盘桓的白鸽回了家，我俩在路边拥抱过后告别。

看着面前的女孩单手插兜，冲我挥挥手的潇洒样子。我突然觉得真好：活着真好，相遇真好，我还能有心情留意到这些真好。

两斤，我的天才女友。

有着和绝大多数人不同的人生经历，这个从港大、剑桥、杜克实验室里走出来的"女博士"，带着一台电脑走过126个国家，一边工作一边探索世界。她是当下互联网时代最新潮的"数字游民"。

我们见面时，她在一家互联网公司，做全球的开发者支持和技术经理的工作，这家公司聚集了全球各个时区的人。她说："你永远无法想象，你屏幕对面的同事正处在什么样的场景里。隔着屏幕，我们仿佛共享着心跳。我喜欢这种数字

真正厉害的人不是那些有条不紊的完美的人，而是在未知中不断前行，无论遇到什么变故，都能让自己不倾斜的人。

117

游牧的方式，一边旅行，一边在自己喜欢的地方工作。"

我对两斤的工作一知半解，但我能感受到她好像对于"探索"这件事近乎执迷。

她说："我在美国读的生物医学工程博士，之前的工作性质都是研究，有时服务于企业，有时服务于机构，但我将永远服务于我自己。做数字游民之后，比在办公室效率高很多，因为我的时间就是自己的资产，我把我的资产效用提高以后，就有更多的时间去享受生活或者提升自我。"

两斤给人的状态是包容的、松弛的，我们聊到当下年轻人中比较火的一些话题，比如内卷，比如年龄焦虑。我问："你会焦虑吗？"她说："会，但也就是一阵风的事儿。"

我说了自己近来的一些困惑："我身边很多同龄人甚至年龄更小的朋友，他们走得很快，无论是财富还是人生阅历上，都比我强太多。"

然后，两斤给我讲了她在加拿大某个小镇的一段工作经历。那里聚拢了世界各地的天才工程师和科学家，他们大多在原来的领域已有名气，不缺乏名利和资产，但他们选择前往那样一个平凡的小镇，接些零散小活，并不奢求太多物欲。在隆冬里，大家窝在酒吧，喝酒、聊天，好不快活。

两斤只在那边待了几个月。

她为这些"远离世俗"的天才们所震撼，他们看起来那么普通，却有着自己广袤辽阔的世界。

"这个世界上根本就没有'内卷'，当所有人挤在一个巨大的旋涡里时，你可以选择上岸，或者用力游得更远一点。像我就干脆不理会这些，从去年夏天开始，我每个月都会选择一个地方生活。根据季节、花期，或想看流星雨、水藻这些特定的季节性的事物，找一个自己想去探索的地方。"

我说："这听起来太令人羡慕了。"两斤笑了："最重要的是你自己想要的是什么，你拥有自己生活方式的选择权。我偶尔也会羡慕那些大公司里的人，他们薪水比我高，晋升也更快，但纯技术领域大家干的活没什么区别，甚至我处理的问题复杂程度可能会更高一点，因为我们公司更小，对个人技能要求更全面一点。"

聊天过程中，两斤说了一句非常打动我的话："低效也有低效的美感。"人生有很多东西，并不是快就代表好。在人生的每个章节里，扮演好自己当下的角色，也能收获快乐与满足。

两斤说起青春期那会儿，她曾为长相而自卑。她从小就喜欢数学，在其他

小朋友买明星海报时，她专注于在家解方程。那时候两斤就意识到，自己获得快乐的方式似乎与同龄女孩不同。进入青春期以后，随着身边的女孩们百花齐放，两斤对着自己"横向发展"的身材很是郁闷、苦恼。

每当苦恼时，她都会更努力地投入数学中。充实的生活给她带来另一套价值观："我始终觉得，不应该给自己那么多条条框框，只要你能找到自己热爱的事情，有自己内心的小美好，就够了。"

解决一种"焦虑"的方式不一定是消除它，还可以穿越它、超越它，在更高的视角上找到自己的价值。我们自身要更善于发现自己的闪光点。

两斤从来都不是一个循规蹈矩的年轻人，她总做一些奇奇怪怪的事情。

在香港求学的那段时间里，两斤想要体验"作为盲人的生活"，报了学盲文的班，机缘巧合下喜欢上一位盲人经济学家。两个人把约会地点定在太平山，然后一起爬山。

"我当时非常担心他，但对方呈现出来的状态是'我可以''你放心'，我觉得要不带任何偏见去尊重每个人。我们两个人一路说说笑笑，很快爬到了半山腰。"那一刻，抬头看到又高又遥远的天空，身边是自己当时喜欢的人，两斤突然有一种久违的平静：葱郁的树木，还有远处的河流与山下的高楼，那些本来很少注意的事物，在无数倍放大的感官面前，有种壮烈的美。

那天晚上，我不得不承认她身上有我非常向往的东西——那种呼之欲出的自由。我问她："很多年轻人都向往你这样自由职业的生活，你怎么看？"

两斤笑道："自由其实是有代价的，最直接的就是不确定性，你是不是愿意为不确定去买单，愿不愿意去承担风险。我的想法很简单，一旦选择了就不再去听外面太多的声音。人生没那么复杂，按照自己的心意去活，碰壁也是成长的一部分。最坏只不过是发现自由职业没那么适合你，那就回来找一份工作上班，充其量就是找工作时间长一点。"

虽然是萍水相逢，我和两斤后来却成为彼此生命中最重要的人。三年间，她从旅居百国的数字游民重回大公司上班，我从媒体打工人转型为个体创业者。她一路催促我开"私教"、做"写书私房课"，而在我的辅导下，她也签约了自己的书。我们成了彼此的"天才女友"。

我们都是只能被眼前的有趣事物吸引，这一刻，我们追逐红蜻蜓，跑着跑着，可能看到另一只迷人的布谷鸟，我们就会循声而去，周而复始。人终归只能抓住眼前的小火苗，却也能点亮此刻脚下的路。

用力哭，不如用力跑

文/卜一

黑暗的角落里，少年一边号啕大哭，一边说道："我想跑得快点……我已经很努力了……"他的妈妈蹲在一旁，没有上前拥抱，没有轻言安慰，而是看着他的眼睛，无比坚定地说："用力哭，不如用力跑。"他听懂了妈妈的意思，情绪稳定了些，随即也同样坚定地点了点头。

这是电影《妈妈的神奇小子》中的一幕。

片中，少年苏桦伟是一位残疾人，但在妈妈的鼓励下，他一步步走上了残奥会的领奖台。

逆流而上，绝处也可逢生

苏桦伟是不幸的。他一出生就患上严重的黄疸病，导致脑痉挛和听力受损。没有学校愿意接收他，苏妈去工厂上班时也带着他。正因如此，她耽误了工作，遭到老板的责骂和同事的嫌弃。更要命的是，到了晚上，儿子不见了。她发疯似的寻找，终于在一堆杂物下发现了儿子。

面对她满腔的愤怒，儿子只是呵呵地傻笑。忍无可忍之际，她狠心地把儿子放在传送带上，并大声吼道："走啊，不走我们就一起死。"传送带后面是密集的齿轮，

如果被卷进去，将必死无疑。她想以此来刺激儿子，可儿子一脸茫然地望着她。

眼看儿子就要掉下去，苏妈连忙按下了停止按钮。她再也扛不住了，绝望地咬住毛巾，趴在传送带上痛哭起来。

也许是上天的眷顾，奇迹竟然发生了。小小的苏桦伟双手扶着栏杆，颤颤巍巍地站了起来，还跟跟跄跄地迈出了步子。

苏妈欣喜万分。她知道，自己的儿子有救了。

为了让儿子跟同龄的孩子一样，她坚持训练儿子走路。果然，一段时间后，苏桦伟学会了走路。长期锻炼不仅增强了苏桦伟的体质，还给苏妈带来了更大的惊喜。

一次，苏桦伟在楼道里玩，被几个孩子欺负。他急中生智，趁别人没留神撒腿就跑。苏妈闻声出来，惊讶地看到儿子遥遥领先。

希望总是在不经意间出现，正是这一跑，苏妈的心态有了转变。既然所有人都不把她的儿子当作普通人，那么她一定要让自己的儿子成为一个不普通的人。

在报名加入残疾人田径队被拒后，她和儿子路过田径场，一些残疾运动员恰好

在跑步，苏桦伟不自觉地也跟着跑了起来。让人意外的是，他比很多专业运动员跑得还快。

教练注意到了这个天赋异禀的小子，便邀请他加入了残疾人田径队。从此，他正式成为一名专业运动员。

双向奔赴的爱，是无可替代的力量

从一名残疾人到一名运动员，苏桦伟的进阶之路与苏妈不无关系。

刚开始集训时，苏妈不放心，每天带个小马扎坐在铁丝网外悄悄地看着儿子。时日一长，苏桦伟的缺陷就暴露了出来。他行动不便，平衡感很差，常常在跑道的转弯处摔倒。

为了训练儿子的平衡能力，苏妈陪着儿子去爬台阶。她还买来一盒又一盒鸡蛋，让儿子一遍又一遍地踩上去练习。

为了提高速度，她陪着儿子与火车比赛，一点地地突破极限。

鸣枪起跑时，因为弱听，苏桦伟总会比别人慢半拍。为了给他鼓劲，苏妈常常站在终点，微笑着朝他做手势："望着妈妈！Set！Go！"

对苏桦伟而言，妈妈就是精神支柱，她的目光，她的微笑，都有着无穷无尽的力量。

苏桦伟把奥运金牌挂在妈妈的脖子上时，对她道出了一番肺腑之言："小时候整天听外公说，你嫁给爸爸的时候一件金器都没有，所以我以后要拿好多好多金牌送给你。"

进取的人生，总能实现逆袭

有人曾说："奥运会是创造英雄的地方，残奥会则是英雄聚首的地方。"

身残志坚的运动员们，能出现在残奥会的赛场上，甚至登上领奖台，其中的艰辛，只有他们自己知道。

苏桦伟把过去遭受的敌意都当成自己进步的动力，最后又把它们变成了无上的荣耀。他战绩赫赫，连续参加了5届残奥会，拿下6枚残奥会田径金牌，还是多项世界纪录的保持者。

从一个无法正常行走的残障儿，到成为为国争光的奥运冠军，苏桦伟成长了很多。对于自己多年来的坚持，他道出了实情："我知道我起步慢，但这就是为什么我要继续去冲、去追，跟我的命一样，我就是要从后面追上来。"

其实，这部感人至深的电影改编自残奥冠军苏桦伟的真实经历。影片的结尾，主题曲《神奇之路》响起的时候，残奥会的真实录播和电影画面交替出现。一位妈妈，一个儿子，为爱而生，所向披靡，共同创造了奇迹。

在遇到种种困境时，现实中的苏桦伟也是听从了妈妈的建议，没有"用力哭"，而是"用力跑"，实现了逆袭。

苏桦伟的事迹鼓舞了很多人，其中就有苏炳添。苏炳添在社交媒体上曾这样写道："大家都叫我'苏神'，在我心目中也有一个'苏神'。"他所说的"苏神"，就是苏桦伟。

生活起起落落，苏桦伟仿佛拥有打破命运的力量，终于成为自己人生的"神奇小子"！

在未来遇见更好的自己

❋ 蓁 蓁

>>>

从一名普通的职高生，逆袭成为美国麻省理工学院的博士生，周信静的经历让人看到了人生的无数种可能。

要想在未来遇见更好的自己，让人生更有高度、更有宽度、更有深度，就要勇敢地挑战自我，在前行的道路上奋楫争先，永不言弃，用奋斗为青春涂上明亮的底色。

贪玩，是青少年的天性，周信静也不例外。

他出生在浙江一个相对贫困的山区，自幼缺乏管教，最喜欢的就是玩游戏。

初中毕业时，有一所职高来校招生，他听说读职高不用每天刷题、背单词，只需学好一门技术就行，于是脑子一热，决定放弃中考就读职高。

入校后，周信静仍然迷恋游戏，没有把心思放到学习上。

直到临近毕业，他才发现自己当初听到的"读职高—学技术—就业"这条路，并没有他想象的那么美好。

他忽然开悟，为之前虚度的时光后悔不迭，也不甘心度过即将到来的平淡人生。

"年少走错的路，要花整整 11 年去弥补。"这是周信静多年后的感叹。当时他想多学一些知识，拓宽自己的视野，更想改变自己的命运，在广阔的世界里自由飞翔。

迷途知返，是人生的大幸，但要把失去的光阴追回来，却要付出更大的代价。由于前几年没有进入学习状态，基础薄弱，尽管周信静非常努力，也只是考上了一所普通的大专院校，就读计算机专业。

好在他并未懈怠，而是奋起直追，对自己的学业作出了一个完整的规划：除了学好大专的专业课程，他还研读了不少全英文的计算机书籍，并参加大学生程序设计大赛，准备"专升本"考试……

经过一番火力全开的学习，周信静

只要你心中有梦，脚踏实地地追寻，你想象不到自己会有多么强大。

四个学期的专业成绩稳居全年级第一，参加大学生程序设计大赛获得了专科组一等奖。

大专第二年，他一鼓作气地通过了英语四、六级考试，第三年通过了"专升本"考试。在读本科的两年里，他又以优异的成绩稳稳地拿下了年级第一，并且获得了国家奖学金。

这些成绩的背后，饱含着多少汗水，没有经历过的人恐怕难以想象。

据周信静后来回忆，在备战大学生程序设计大赛那段时间，他疯狂地刷题，仅仅是"算法"学科就刷了一千多道题。六年里，他终于完成了从职高到本科学历的转变，开始了另一段精彩的人生。

二

在周信静的周围，很多完成"专升本"的同学毕业就开始找工作，但他没有选择走这条路。

仿佛是为了更好地证明自己，也为了飞向更高更远的天空，他选择了一条颇为艰辛也更具挑战性的道路——考研。

人生有无数个起点，有人选择以勤奋上路。

从早上 8 点到晚上 10 点，除去吃饭和休息时间，周信静一天的复习时间保持在 11 个小时左右。这样高强度的学习和生活，他持续了 6 个月。最终，他顺利通过了浙江大学的初试分数线。

但周信静不敢盲目乐观，他那"专升本"的学历，在复试中不占优势。

为了弥补自己的短板，他采取了"笨鸟先飞"的策略。

那个时候的他，有多么勤奋呢？准备复试期间，当大家还在刷 PAT（浙江大学计算机程序设计能力考试）甲级题时，他已经早早刷完了全部题目，偶尔还会在微信群里回答大家的提问。

天道酬勤。复试中周信静表现非常出色，在机试上拿了满分，用英语回答专业问题时也是对答如流。

最终，他凭着出色的成绩成功上岸。

读研期间，他又醉心于研究，以第一作者的身份在数据库领域的顶级会议上成功发表了论文。

"只管走过去，不要逗留着去采了花朵来保存，因为一路上会有花朵继续开放。"泰戈尔的这句话，给了周信静深刻的启发。

是啊，不要止步于眼前的美好，前行，永不停止地前行，才能收获更多的美好。

研究生毕业后，周信静来到腾讯公司工作，同时着手申请赴美国的顶级大学读博。

勤奋学习，对周信静来说，早已成为一种习惯。

他白天上班，晚上和周末挤出时间做科研，取得了突出的成果。

2020 年年底，他收到了美国麻省理工学院的博士录取通知书。该校的数据库实验室，是世界计算机领域的顶尖研究机构之一。

在那千万人梦之所向的地方，周信静的梦想之花终于绽放。这是对他专业水平和学术能力的肯定，更是对他那极致勤奋的褒奖。

三

从一名普通的职高生，到世界顶尖学府的博士生，周信静完成了人生的逆袭和华丽转身，这是意料之外又是情理之中的结果。

人生是一片旷野而非一条轨道，起点并不决定终点，误入弯路也可以再走回来。

周信静用他的勤奋、热爱和专注告诉我们：越努力，越成功；越努力，越幸运。

读研期间，周信静偶尔和同学散步聊天。谈到当下流行的直播、电影之类的话题，他总是三言两语，不太接得上话。可要是提及计算机领域的发展趋势和最新成果，他便眉飞色舞，语速飞快，手指不停地比画着，与寡言少语的他判若两人。

在同学眼中，周信静是一个"永不放弃的坚定前行者"。一次，他选定一个科研项目，可由于条件的限制，实验只能在模拟器上做，结论不甚严谨，论文送审后受到审稿人的严厉批评。周信静不轻言放弃，辗转找了几个实验平台，终于在真实的硬件上完成了实验，论文也被某期刊顺利接收。

"他是一个能够打破限制来解决问题的人，纵使受到客观条件的限制，他也会想办法去完成。"周信静的专注和执着，让同学十分钦佩。

在这个世界上，有人出身寒微，有人误入迷途，有人命运坎坷……但周信静用他的经历告诉我们，只要你心中有梦，脚踏实地地追寻，你想象不到自己会有多么强大。

世界很喧嚣，做自己就好

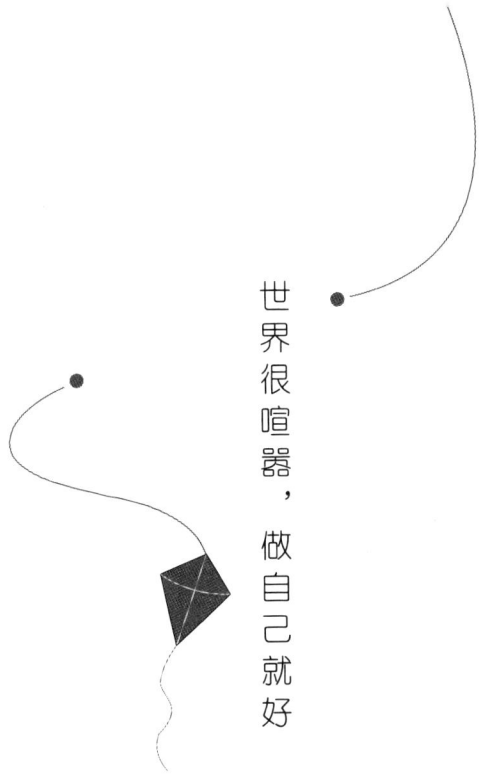

1

找回成长力之

>>>

撕掉魔鬼契约

*愈姑娘

那一年，我 10 岁，在学校学会了做布娃娃。

我喜欢娃娃，更喜欢自己亲手缝制的布娃娃。我常常在家翻出旧衣服、旧毛线，给娃娃做小衣服、小裙子、小辫子。看着这些"废物"在我手中变成可爱的模样，我甚至幻想着有一天我的娃娃可以和哆啦A梦一样，陪我说话，陪我玩耍，帮我实现梦想。

我很享受制作时的那份专注，以及完成后的成就感。我会带到学校，给同学赏玩，也会送一些给朋友。

有一天，一个同学跑过来，把我的娃娃狠狠地摔在地上，跟我说："你做的娃娃真丑！"

那一刻，我感觉自己所有的骄傲和自尊都随着娃娃被摔在了地上。

我再也不敢做娃娃，更不敢把娃娃展示在别人面前。我看着躺在角落里的娃娃，那个原本我最中意的娃娃，在那一刻，连我自己都觉得它真的很丑。

我那自以为的自信，原来在别人眼里如此不堪，而我对此浑然不觉。

"你做的娃娃真丑！"这句话像魔咒一样，在我脑海里挥之不去，束缚了我的想象和尝试的动力。

我偷偷地把针线和布料都扔了，把那些欣喜和自信也一并扔了。

以至于后来，我害怕手工课，害怕做一切手工。每次把材料拿在手上，我就开始担心会不会做得很丑。

再后来，笨手笨脚成了我身上撕不掉的标签。

过了很久，我才知道，原来那个同学并非有意否定我，那句话不过是气话。那天，他被老师狠狠训斥了，一时无处发泄怒火，看到笑容满面的我便心生妒意……只是他并不知道那一句无心的话语竟成了我多年的心结，给我带来持久的负面影响。而当时的我确确实实当了真，并且内化成了一种束缚，自此与自己签下了一张魔鬼契约。

那一年，我17岁，对公式、数字、符号有着极大的热情。

我喜欢在草稿本上演算的过程，喜欢用公式不断解答一个个问题的成就感。随着成绩的稳步提升，我对未来充满信心。

有一天，老师在讲台上说："理科需要逻辑力和领悟力，刚开始女生的成绩会好些，可是越到后面，随着知识难度系数的增加，女生的成绩会下滑，而男生正好相反……"

我不明白！难道因为我是女生，我的理科成绩就不能好了吗？到了高二，我的理科成绩真的开始下滑，一步步验证老师说的那句话。

我对公式、数字、符号的热情不断减少，成绩也跟着下降，我的热情慢慢被消磨掉，由此形成恶性循环，似乎是一种解不开的魔咒。后来，我甚至潜意识里认为：因为我是女生，所以我的理科成绩很差。我开始认命，想努力却觉得改变不了命运。

因为老师的偏见，我对号入座了，我把它转化成束缚我求知欲望的牢笼，把它转化成质疑我自己的内在力量。我又签下了一张魔鬼契约。

2

曾经很长一段时间，我很在意自己在别人眼中是什么样子，试图满足别人的期待成为我生命的核心。

总有一天，你会变成一个坚强的自己，不讨好，不迎合，只是默默地粉碎那些质疑的声音。

换个发型，我担心别人觉得不好看；写篇文章，我担心别人觉得我矫情；看书，我担心别人觉得我装文艺……如若受到别人的肯定，我必然欣喜若狂；如若受到别人的否定，负面影响必然深远而持久。待慢慢长大，阅历丰富了一些，我才意识到：你越在意什么，就越会被什么束缚。

每个个体都是独立而自由的，可是很多时候，我们的灵魂却被外界的看法束缚着。其实，别人的观点只是基于他们的认知和经验，即使对同样的事物，每个人都有可能表现出完全不一样的看法。

有这样一个故事。

一个明代的画家为了画出人见人爱的画，每画完一幅，便拿去街上展示，还让别人标记出这幅画的不足之处。一天下来，这幅画被涂满了标记，每个标记都代表着一种否定。他很失望。后来，他换了个方式，让别人标记出对画作的欣赏之处，一天下来，这幅画依然被涂满了标记，不同的是，这些标记都是肯定。

这位画家大彻大悟："我现在发现了一个奥秘，那就是我们不管做什么，都不要去在乎别人怎么评价，只要有一部分人认可就足够了。因为，在有些人看来是丑的东西，在另一些人眼里恰恰是美好的。"

每个人的"三观"不同，对美丑的认知不同，别人认为正确的，对你来说却不一定受用，关键是你要清楚自己想要什么，明白所做之事对自己的意义。

就好比我辞职到大理做义工，有朋友跟我说，这并不是明智之举，做义工不能给我带来实际的帮助，只会带来更大的经济压力，回去后依然要面临工作和生活的鸡零狗碎。这些我不是没想过，只是我很确定，朝九晚五固然稳定，却束缚着我对生活、对世界的探索。我想通过这次经历，去看看一亩三分地之外的景色，去看看朝九晚五之外的生命形态。

朋友说的话并非不对，他只是不懂现阶段我内心真正想要的是什么，而这些，又有谁比我更懂我自己呢？

3

你做任何一件事情，都会有人站出来阻拦你，但真正能拦住你的是你自己。

曾经，我耳边一直萦绕着这样的话语：别写公众号了，花费那么多时间和心血写的文章，赚不到钱，没有意义的。每次听到，我都有些沮丧，可是这摧毁不了我内心的坚定。别人不懂我的坚持，才会对我指手画脚。我不会再因为别人的一句话，给自己签下魔鬼契约。

借此我也想告诉所有活在别人眼光里的人：勇敢去追求自己想要的，大胆去尝试自己喜欢的，想写作就开始写下第一句话，想旅行就订一张火车票，想健身就换上跑鞋……别人说你是坏孩子也好，说你矫情也好，都没关系，只要你自己做的事情是发自内心的，那就值得去努力。总有一天，你会变成一个坚强的自己，不讨好，不迎合，只是默默地粉碎那些质疑的声音。

或许，我们也能不做星子，也可以躺在月牙上，纵使孤身一人，那怀抱着的也是心中万般惬意、千般自在所化的月亮。

躺在月牙上的少女

✿ 夏　眠

谁的小学都逃不开一个作文题目——长大以后的愿望。其他同学写的不是科学家，便是医生，由于父母的关系，我对这两个闪闪发光的、受人尊重的职业实在没什么好感。

对着空空如也的方格作业本，我始终写不出半个字。猫咪一跃跳上我的书桌，伸出前爪拨弄着我的橡皮，但它似乎还不尽兴，又轻咬了我的手指，一掌把我的作业本甩到地上，活脱脱一个"桌面清理大师"。

我抚摸着猫咪柔软的身体，顿时有了主意。

第二天，我把写得满满当当的作业本交了上去。果不其然，我被语文老师好好教育了一番："动物饲养员？这就是你的心声吗？"

我缩着脖子不敢吱声，但这的确是我的心声。

我从小就喜欢毛茸茸的动物，犹记得上幼儿园时，父母带我去乡间的舅公家住，屋外是金黄色的麦田，风一吹，会掀起层层麦浪，还有一条不够清澈的河。河边是低矮平房的人家，时不时传来几声狗吠。

当初次遇见隔壁家的大黄时，我一边瑟缩在父母的怀里，一边忍不住回头看它。待到吃饭时，我留心长辈的脸色，偷偷把肉揣到怀里，然后狼吞虎咽扒完饭，就溜了出去，朝着那只不怀好意的大黄丢出了一块肉。

我早已不记得后续的发展，唯独记得一周后，全村的狗都成了我的朋友。身为医生的妈妈头皮发麻，恨不得把我泡在消毒水里。

现在想来，语文老师也是仁慈的，放了我一马。若是遇到三毛的语文老师，我可没那么幸运了。在第一次写长大以后的愿望时，三毛写自己想捡破烂，被老师好一顿训斥。后来，三毛把长大后的愿望改成小贩，夏天卖冰棒，冬天卖红薯，又被老师好一顿训斥。最后，无奈的三毛只能写长大后想当一个医生，拯救天下万民，这才获得老师的肯定。

长大后的三毛，在海边捕鱼摆摊，在当地的二手市场上淘二手货，在贫穷落后的撒哈拉威人聚居地悬壶济世，

这些竟然和她当初写下的愿望相似。可我到底不是那朵能在撒哈拉沙漠中盛放的花儿，随着年龄的增长，我对于饲养员的梦想，仅剩下对毛茸茸动物的喜欢。

"你这叫叶公好龙！"同班好友吴甸如此嘲笑我。说是好友，我俩的性格却迥然不同。她一板一眼，不卑不亢，即使再麻烦的功课，只要她在，我就感到踏实。

"那不是没机会嘛！若是有机会，我肯定建一个动物园！"我反驳道。

吴甸扑哧一笑，拉着我往露营地走去，烤肉架在铁钎上嗞嗞作响，班长右手扇着扇子，左手熟稔地翻刷。"班长，你要是去校门口摆摊，我一定光顾。"班长嘿嘿一笑，说："我小时候的愿望，就是长大以后当个厨子卖羊肉串。"

原来，大家小时候都有类似的愿望，我一下子对班长生出几分亲切感。我拿着刷子，按照他的吩咐，反复刷酱，一串串烤肉出炉，大家吃得满嘴余香。在同学的笑容里，我恍然觉得要是以后当个卖羊肉串的，也是个不错的选择。

此时，烤肉的香味吸引了一些动物。一只半米长的狗闻香而来，我还没看清它的模样，就听到耳边震耳欲聋的尖叫："狗！"

吴甸是第一个后退的，她见我一副傻样杵在原地，着急地朝我大喊："快过来呀！傻站着干吗！"

我低下头，看着那条壮实的狗，黑黑的眼睛，松软的皮毛，我俩就这么对视着，我莫名地冒出一个想法：它不会伤害我。我拿起铁签，捋下一块块羊肉。狗的目光落在肉上，它小心地看了我一眼，又看了肉，小心地舔了舔，然后大快朵颐起来，一边吃还一边拼命摇动着尾巴。

我仿佛回到了小时候，回到了层叠麦浪的乡间，我坐在河边的石头上，身边陪伴的是邻居家的大狗。我俩亲密无间，似无话不谈的朋友。

我的手里传来湿热的温度，狗舔了下我的手背，坐在地上望着我。我正打算丢下一块肉，大惊失色的班主任连拉带拽地把我拖走了。

被吓得够呛的吴甸把我好一顿教训，拿出酒精棉片反复擦拭我的手，对我说道："这狗多脏，万一有什么病毒呢！万一你手背上有伤口呢！"

"可是，它似乎没有伤害我的意思……"

"等它咬你，就来不及了！"吴甸愤愤地说，"看你在那边不动，我都快吓死了！"

这时，我才反应过来，吴甸怕狗。可是，她最喜欢的动漫人物是犬夜叉，书包上挂着的毛绒玩具也是微笑的柴犬。

从此，我和吴甸便互相以此嘲笑对方。可喜的是，在中学时代，再也不用面对"长大以后想当什么"的作文题目，也不会因为写的文字并非遵从本心而纠结万分，似乎每个学生都学会了眺望的本领：自然而然地站在山巅，和日月星辰对话；潜游海底，和江湖呼喊相谈；为每一朵花取名，向每一棵树致礼，成为浩瀚宇宙中的旋转星球，对存于世间的每一个生命报以最高的敬意。

在顺利升学后，我忙中偷闲，参加了不少公益社团，其中就有鸟类协会的观察员。在寒暑假时，我往湖边一坐，守着刚出生的鸳鸯、秋沙鸭、白鹭……守护着它们免受人类的骚扰和调戏。闲暇之时，我低头刷刷手机，发现曾经的班长为了将来的留学生活，在大排档里打工学做菜；好友吴甸拿着针线，缝制自己喜欢的娃娃……

霎时间，我欣喜万分。从小到大，我们都学着"像话"，学着"合群"，学着化身星子落满天，织成最广阔的星空。或许，我们也能不做星子，也可以躺在月牙上，纵使孤身一人，那怀抱着的也是心中万般惬意、千般自在所化的月亮。

人生很多的沟沟坎坎都是在某一个瞬间跨过去的。

别跟我们不擅长的事较劲

❀ 风为裳

写这篇文章之前，被一句话逗乐：你不逼自己一把，都不知道自己有多强大。你真的逼了自己一把之后，发现自己其实挺弱的。

按照一贯来给你们喝鸡汤的套路，我不应该把这句话"推销"给你们。我应该告诉你们：凡事都应该努力，努力必有回报。可是，参照我的人生经历，这真的是美丽的谎言。很多事，其实不是努力就可以的。在错误的道路上你跑得越快，离终点越远。

在上高中之前，我的成绩一直很好。虽然不是学霸，但也绝对是一直戴着小红花的好学生。但进了高中，迎头遇上的拦路虎就是立体几何。老师开始讲的平行、相交、相离，我还能听懂，还能脑补出原来这世界人与人的关系也不过是这样。有些人认识了，那是相交。有些人遇到却谁都不知道谁的名字，生活无联系，那是平

行。更多的人，生活在不同的时间空间里，那就是相离。许多年后，我看一篇很深奥的文章，说时间空间都是人自己划分出来的概念，其实在宇宙当中，是不存在时间和空间的。看得我一脑子糨糊，一如我当初学立体几何。

老师是个很好的老师，风趣幽默，讲几条线的关系时，让我们看墙角。那一阵，我总是抬头看教室的墙角。可这也并没什么用，考试时，立体几何占的分数基本就是全扔。

好强的我接受不了这样的现实，狠狠地逼自己，上课认真听讲，下课好好做题，可多数时候，拿到答案看着都懂，离开答案一头雾水。题认识我，我不认识它。

那段时间，我满脑子都是立体几何的题。我甚至开始怀疑自己笨，把做不出题上升到前路茫茫人生失败的新高度。

忧愁让我变成"文艺少女"，别人不

知道的是这个少女的烦恼不过是那几条直线到底什么关系的问题。上课、下课、考试，我都望着墙角，仿佛我的未来都在那里。

终于还是熬到了高二。我们那个时候，文理是要分科的。分科，也还是要考数学的，当然立体几何也是抛不掉的。就在考虑分文理科时，我仿佛被点醒了一样。

人生很多的沟沟坎坎都是在某一个瞬间跨过去的。

我也就是在那个闹哄哄的课堂上看着某一道几何题时想开的。如果我的人生没有立体几何会怎样？我会走路撞墙吗？我会沿着墙走到天花板的墙角上去吗？三维四维、立体平面跟我有什么关系？难道我看 3D 的电影会不用那个眼镜直接看到纵深的画面吗？

从那一刻起，我再没看立体几何一眼，真的，除了交作业外。

我选择了文科。好好学习我爱学的语文，感兴趣的历史，有天赋的英语。虽然有那么一科拖后腿的数学，但我是开心的，因为我对自己重新有了信心。

后来，我开始写东西，然后我把自己变成了专业的作者。所谓专业，是你要靠这门手艺养活自己，赚钱吃饭。再后来，我开始写剧本，由一名作者转变成编剧。很多人会问我，写作的路上遇到过什么坎坷。我很仔细地想过，应该没有。

我给杂志写稿时，几乎没有发不掉的稿子。写的第一部长篇小说就卖了影视版权，接着由我自己改编成电视剧。算是顺风顺水。我这样讲，很多人可能都不太相信。

其实我想说的是，写作是我唯一擅长的事。虽然我知道倾我这一生的努力，我也没办法成为多么了不起的大作家。但对我自己来说，这真的是我最会做的一件事了。

说来惭愧，说到我人生的短板，我发现还不止立体几何这一块。

我不会画画。从小到大，没画过一幅完整的画。我离画画最近的一次就是那个给画上色的《秘密花园》，那时我很狂热，但也只是涂了颜色而已。我看过一次油画展之后，喜欢上了油画，但了解我的朋友说，你可以去淘宝上买个人家画出轮廓的油画，你涂上油彩就好了。我赠了他一个大大的白眼，但也老老实实打消了画油画的念头。

我不会唱歌，虽然我一直很爱听歌。在 KTV 我一直都是那个壁花小姐。朋友说，你就唱一首，谁还会杀了你吗？恕我没有什么娱乐精神，我真的不想做我不擅长的事。我听你们唱就好。

讲到这里，也许会有同学问：照你这样说，我们做不好的事就可以不做了，是吗？

当然不是。

这个世界还没宽容到我们可以任性的地步。很多我们做不好的事，还是要努力做。只是，你要承认这件事你不擅长，不跟自己较劲。不得不做时，努力尽本分就好了。别急着否定自己，别愁眉苦脸。

现在，我的世界不需要立体几何，也不需要画画。除了在 K 歌时做观众有点无聊之外，我挺自在的。希望你也是。

远方代表着自由……

想 去
远 方 的 人
都 有 故 事

❋ 简 洁

1

高考之前，我家的墙上有一幅大大的中国地图。有一天，我盯着地图，视线以我所在的小城为中心画了个圆。我在心里暗暗发誓，圆内的地方我都不要去。我想走得远一点，再远一点。

要去远方的念头很早就有了，远方代表着自由，对一向循规蹈矩的我来讲，高考是离开这里的唯一机会。

直到高三，我的门禁时间都是晚上8点，偶尔同学聚会或出去唱歌，第一个扫兴说要走的一定是我。如果回去晚了，母亲的脑海中会跑马灯似的播放社会新闻，在等我回家的时间里把自己吓得不轻。

父亲并不觉得母亲的担心没有道理。因为职业的关系，他每天早上都能看到警务系统上发布的前一天在这个城市发生的犯罪事件。我所在的城市，远比我以为的要不安宁。

小时候看童话，作者说世界上不用考虑自身能力即可无条件管理别人的职业有三个：教师、警察和父母。我当时深以为然，我的父亲是警察，母亲是教师，这大概可以解释我从小到大感受到的束缚。直到读大学，每到假期，我的门禁依然存在。除了远离家外，这个问题没法解决。

2

另外，我和父亲的关系也不怎么融洽。有一次开家长会，同学问："你爸妈会不会打你？"我点头，她表示惊讶。

其实，父亲对我打骂的次数并不多。有一次母亲和父亲因为奶奶家的事吵架，母亲于是愤而离家。我从房间出来看不到母亲，有些着急，就想去找她。

父亲拦住我，让我把他刚才生气踢倒的高脚凳扶起来。我一时气愤，并不愿意。他一下子变得非常暴躁，在我的腰后狠狠打了一下并把我推倒在地。

父亲的愧疚来得很快，后来我坚持说自己腰疼，母亲带我去检查。在等待结果的时候，他的表情一直很不自然。母亲极为心疼我，反复说着，女儿这么大了，怎么能打呢？

在我青春期的六七年时间里，他只打过我这一次，但从此我们的关系就不复从前了。这件事之后，一个更加清晰的念头在我心里产生了，我要远离他们。

在奶奶那一家人中，爷爷是最温和的。但这位毛笔字一流、年轻时有"秀才"之名的老人，曾经在家宴上对着孙辈中读书成绩最好的我说："女孩子考什么好学校？去那么远干什么？读本地的大学就够了。"这么荒唐的提议，父亲居然听进去了。每念及此，我总是感到心凉。

3

高考之后很多年，我仍然会做噩梦。我梦见自己虽然在考场上，但完全没有复习；或者还没有答完题，老师就收了卷。虽非现实，梦中的恐惧却异常真切，仔细想想，高考如果不顺利，我最害怕的事其实不是落榜，而是不能去远方。

我还记得父母送我去上大学的场景。我被分去的校区，在广州大学城，是一个与市区隔离的孤岛。上岛之后，只有岛上总站发出的公交车可以到达学校。从任何意义上来说，这都是我第一次离开家。

看似娇惯的我，却很快适应了新生活。父母回总站的时候，依然坐着来时的那一趟公交车。车门关上的那一刻，我看见隔着玻璃红了眼睛的母亲。而我的心酸，直到这一刻为止。

那一年的迎新晚会刚好是中秋节，我碰见好几个掉眼泪的同学，但我没有。我想去远方，我也来到了远方。这样的欣慰，足以抵御我的思乡之情。

4

偶尔想家的时候，往往在下雨。

我家乡的小城一年到头都在下雨，广州的雨水则不同，通常连着几个月不下一滴雨，而一下雨就是接连的台风、暴雨，一点喘息的时间都没有。但就是这样风格迥异的雨，我却能寻到一些相同的气息。

有一次下雨，我骑单车从教学楼回寝室，经过网球场，看到路边的一棵小树竟然倔强地开出了几朵红花，我几乎在第一时间就确定这是木棉花。

木棉花在某种意义上代表着我想去的远方。我第一次知道这种花是在一本青春小说里，它最早向我完整地展现了一个女孩从上大学到找工作的全部过程，像一个写实的图谱，给我描绘了高考之后可以预见的生活。

书中女主角所在的学校有木棉花，木棉花又称英雄花。木棉树高，花开的时候一片叶子都没有，满树红花，开得顶天立地，连它的坠落也分外豪气，从那么高的树上落下，毫无软绵之气，一路旋转而下，"啪"的一声落到地上。我在家乡没有见过这种树，看这树的性格比人还豪气，便心生向往。

高中时，学校门口有两棵玉兰树，是学校的镇校之宝。第一年看到它们开花，我整个人都愣住了，树上一片叶子也没有，满树白花，每一朵都开得风姿傲然。尽管知道这两棵树与木棉没关系，但每次经过时，我总会想起开花时也一片叶子都没有的木棉。

高三中午不回家时，我通常会去学校顶楼的自习室。从那里望下来，刚好能看到校门口的玉兰、香樟、银杏，一路望过去，再想想远方的木棉，好像就有了继续这一天的勇气。

在那个雨天，想起高三时的自习室，望着眼前的木棉，我突然切实地有了一种已经到了我想要到的远方的感觉。

⛅5

我当时对着地图画的那个圆，终究没有太大。高考填志愿时，小姨的一句话让我最终选了广州：离我们近一些，万一有什么事也好照应。于是我、表姐、表妹，最后都考了广东的大学。

表姐的专业是小姨夫帮她选的，因为他认识从事相关行业的朋友，觉得能给表姐提供帮助。可是没想到等表姐毕业，他认识的朋友已经退休。后来，表姐找工作十分困难，最后还是回了家乡小城。

我本科毕业时保研了，研究生的第二年很煎熬。好在我只去了一次校园招聘会就拿到了一家杂志社的 offer，提前半年去上班了，过了三个月就拿到了正式工资，还没有毕业就租好了单身公寓，自顾自地在广州生活了下来。

也许对我来说，从踏出家乡小城的那一刻起，就没有再考虑过回家乡生活。所以，之后所有的艰难，我都要自己消化。

在广州的几年，我会给家里打很久的电话，一到假期还是迫不及待地回去，但正是因为知道自己不会再回到那样的生活中，不会再回到那样的人际关系中，所以才有余裕怀念。

意识到这样的节点有很多，其中一个是本科保研到了最后一步，母亲问我，需不需要给老师送礼？

那一刻，我真切地感受到我与小城的"关系"在意识上的脱离，便不在意地说了句："不用，我们这里不讲这些。"

而我的表姐回到小城，自以为凭一己之力找到了工作，其实家里没少找关系，只是为了表姐的自尊心瞒了她。小姨的儿子有一天对小姨评价起我们几个姐妹，说，表姐看上去能干独立，最后一路下来没少靠家里人，而我看上去娇气，从考大学起就自己搞定了所有的事，很少让家里人操心。

说这话时，他已远在美国。我和他算不上亲近，但得到他这句评价，我觉得非常暖心。要去远方的人，通常都有自己的心事。

有人说我幸运，有人说我冷漠，但落入半大少年的眼中，我是值得他一提的人，便已足够欣慰。而这时，远方已不再是远方，故乡才是远方。

输得起和赢得了一样重要

❀ 林特特

> 赢是成就，输是修行。
>
> 踏上取经路，比抵达灵山更重要。

一

上个月，我回老家，和中学同学聚会。老友相见，分外亲切，每个人都有说不完的话，其中一位，单名一个飞字，现任中学教师，上学时，以口才闻名。那会儿，她还参加过省级的演讲比赛，取得过优异的成绩。

话题便从此开始。

飞问我："对了，那次比赛，你为什么退赛了？""什么？"我失忆了，脑海一片空白。

"就是那次省内十三个城市三十多所学校的联赛，咱们学校推选了七个人，只有你和我通过了第一轮比赛。初赛，你表现真不错，复赛咱俩还一起商量过，怎么准备着准备着，你就说不想比了，一定要退赛，怎么都拦不住，谁劝也不听。"飞费尽心思，一再提醒我。

我想起来了。那场比赛，声势浩大，前前后后持续了半年之久。我确实和飞被学校推选，参加了区里的初赛，也确实成为获胜者，受邀下一轮比赛。准备下一轮稿件期间，我们接受老师的培训，互相出主意，彼此鼓励，看对方的演讲稿，听对方试讲，再不遗余力指出问题，不断调整。我还记得，我们在学校第二教学楼一间没什么人去的教室，来来回回切磋、排练的情形。好几次，我们错过食堂打饭的时间，嬉笑着去校门口的超市买零食，我们轮流请客，如轮流上讲台，轮流做演讲者和唯一观众一样。

为什么精心准备，付出时间、精力和心血，我竟然在临赛前退赛了？记忆一点点复苏，苦涩一点点被唤醒，那些不为人知的小情绪、小卑微渐渐凸显，越来越清晰。

简而言之，我的得失心太重，我怕输。随着比赛临近，稿件打磨越发成熟，我的，飞的，都成熟了。飞的进步，可用一日千里形容，我为她高兴，也为自己担心，我认为我和飞的水平有相当的距离，那么，其他学校的其他选手呢？我没有胜的把握，我的忐忑与日俱增。

好几次，午夜梦回，我一身冷汗。梦中，我站在陌生城市的陌生舞台，面对陌生评委和观众，演讲到一半忽然忘词了。评委们不说话，只默默看着我。我们面对面，眼对眼，词，我一句也想不起来，接着，我听见观众的哄笑，评委们在摇头，我瞠目结舌，汗如雨下，度秒如年。在这尴尬之际，我又发现飞在台下的一角，她的表情告诉我，她胜算满满。

完了。丢人丢到家了。我捂着脸冲下台，腮帮肿胀，热泪滚滚。梦醒时分，肿、热的体感犹在，泪残留在眼角，一切如同真实发生。

这比赛，我是不能参加了。又一个被惊醒的夜，我心中暗暗下决心。为退赛，我找了很多理由，包括身体不适，和某项考试冲突，家人反对，等等。面对老师的阻拦，飞的劝说，我毫不犹疑，无所眷恋，态度坚决。对我来说，赢不赢不重要，可能会输更重要，尤其在熟人面前输。

我如愿了。我申请退赛后一周，飞和区里另外几位初赛获胜者一同去另一个城市参赛。飞过五关斩六将，获了一等奖，其他几位名次不一，总的来说，赢者有奖项和奖金的收获，败者多了段经历，他们嘻嘻哈哈回来，笑说此行起码拥有去另一个城市到此一游的快乐。

作为为校争光的杰出代表，飞在全校升旗仪式上发言。台下掌声雷动，飞神采飞扬，看着她意气风发的模样，我又开始后悔。曾经我也有机会站在那里，是我的怯懦，让我选择了放弃。

当然，我和飞还是好朋友。她为我感到惋惜的同时，给我带回了陌生城市的旅游纪念品——一枚塑封着枫叶的书签。又是一个夜，我抚摸着枫叶书签，辗转反侧。原来，输并不可怕，不会让他人瞧不起、看笑话。而赢的人，如飞，现在看来，和我的水平差异也没我想象中那么大。如果我参赛了呢？如果我没有放弃呢？我会取得什么成绩呢？我后悔了。

二

除了枫叶书签，飞还带回许多赛事八卦。

一位来自隔壁城市某中学的选手，姓孙，在演讲结束，评委打分环节，质疑评委给的分太低，低于他的预期。盛怒之下，孙冲下台去，冲向评委，对评委发起人身攻击。当然，他没有完全失去理智，孙只是恶狠狠盯着打出最低分的评委，目光对峙数秒，他拿起评委面前打分的 2B 铅笔，"嘎嘣"一下折断，折成两半。他将断笔，往空中一抛，断笔落在地上，在众人目瞪口呆时，孙头也不回，离开会场，再用一声巨响，提醒大家，门已被大力关上。

>>>

"什么素质！""这种选手就该被禁赛！""幸好没赢，这要是代表省里出去比赛，走得越远越丢人！"整个赛场议论纷纷，评委、观众、其他选手不约而同摇头叹气表示不满。

那一幕，孙将脆弱的心理素质，没啥修为的本质暴露得一清二楚，以至于飞和我们的带队老师在火车站遇到孙时，都没有打招呼。"我们都觉得他有暴力倾向，以后也不想再跟他有任何交集。"飞吐吐舌头，"一场比赛，至于吗？"

"哎！"寂静的夜，我深深自我剖析兼自责。从本质上来说，我和这位比赛中发火、扬长而去的选手没什么不同，都是输不起，只是表现方式不一样。

是啊，输不起。年少的我无法公开承认，成年的我，回忆往事至此，有勇气笑着向飞，向各位同窗坦白心迹："为什么退赛？因为，那时，我输不起。"

三

昨天晚上，飞给我发消息，最近，她在某项中学生语言类比赛中做评委。她提起和一位故人的相遇。一个孩子的家长，在赛后找到她，问："还记得我吗？咱们以前参加过一场比赛。你是第一名，我印象深刻，那次，我落选了。"

飞仔细辨认，终于认出这位家长是当年撅了铅笔的选手孙。时隔多年，他不复少时模样，头发薄了，戾气消了。飞开玩笑，"我对你印象一样深刻。"孙挠挠头，不好意思，他表示小时候，不懂事，总会有些过激行为。长大后，想起那年的表现，着实后悔。输得丢失气度，比输了比赛还丢人。"所以，我现在送孩子参赛，都要一再叮嘱，重在参与，能赢是好事，输得体面是本事。"

我看着飞的消息，回了一条——

"其实，同学会散后，我总是会想起我的退赛。后来，我登上过更大的舞台，参加过更高规格的比赛，中学时那场比赛就算我参加了，能带给我的，也微乎其微。但是我后悔那次退赛。不是因为未知的结局、可能性，而是，我没有坚持到底，不是因为不喜欢，只是因为输不起。"

人只要一直在牌桌上，总会赢几次，一无所知的生瓜蛋子也可能遇上天胡。而除非暗箱操作，或能力和运气超常，输总是比赢的概率大。不一定能赢，甚至一定赢不了的事，不能因为怕输就放弃尝试。相信能赢的事，不能因为意外输了，就愤怒、怨恨、失态。

是啊，输得起和赢得了一样重要。赢是成就，输是修行。踏上取经路，比抵达灵山更重要。

勇敢的人
先享受世界

✤ 吴梦莉

　　我关注的一个博主，说自己要尝试一百种生活。

　　她四处旅居，没有稳定的工作，靠打零工维持生活，然后拿赚到的钱去学自己喜欢的东西，为体验下一种生活做准备。

　　到目前为止，她已经进行到第 15 种生活，正在一家买手店做店员。

　　她每天打理衣服、招待客人，下班后就和朋友们走街串巷看日落，弹琴，唱歌，吃火锅。

　　我连夜翻完了她的所有笔记，看她如何顶着一头乱糟糟的短发，做一个反世俗秩序的英雄。

　　她说，学习可以让她一次又一次地靠近自己的理想世界，所以，她要一直学习，然后一直远行。

　　"读万卷书，行万里路"，这句我只在教科书上看过的话，终于有了现实的注解。

　　而我看着这行注解，心里涌起的并非艳羡，而是厌烦。我厌烦互联网一定要追捧某种生活方式的风潮。

　　"勇敢的人先享受世界！"尽管在当下的大环境里，这句口号已经逐渐变成了"成功的人先享受世界"，但大体来说，人们依然认可享受世界的办法是四处旅行与冒险。

　　至于我这种每天两点一线、早出晚归的人，很容易被归为"不够勇敢以至于被生活奴役"的类别。

　　我很少旅行，上一次旅行，还是六年前的夏天。

　　我受姐姐的邀请，陪她去了一趟泰国。

　　我们去了曼谷，去了象岛，坐了轮船，吃了很多稀奇古怪的街头小吃……我度过了愉快的七天。可是，最愉快的瞬间，是我推开家门，飞扑到床上的那一刻。

　　认清这点后，我便不再出门旅游了。

　　每天除了上班，几乎所有的时间我都宅在家里，看书、写作、养猫，有时候什么也不想干，就搬一把椅子，坐在阳台上晒太阳，顺便看一看哪一家又拌嘴了，哪一家的小孩又哭了……家长里短，喜怒哀乐，无外乎此。

我这么写，恐怕有很多读者会骂我，一个写作者，怎么可以活得跟个市井小民一样？

我理应关心月亮、玫瑰、远方和灵魂，为了浪漫，至死不渝。这些遥远而抽象的事物会令我们情不自禁地感到震撼。可是，包括我在内的大部分人，只能活在庸俗的日常之中，难以走入具体的生活。

生活中漫长而枯燥的劳作会让我们产生一种错觉，以为自己做错了什么，所以才没有获得精彩丰盈的人生。

可是，我们到底做错了什么？我们真的做错了吗？

读书的时候，我承载着父母的期望，每天做很多的题，看很多的书，最后终于考上了一个好的大学。

四年后，我在一场倾盆大雨中毕业，告诉自己要去做一个独立的、有担当的大人。

在接下来的几年里，我前前后后换了四份工作，有过半年的空窗期，但最后依然找到了一份稳定的工作，可以养活自己与家人。

我像每一个普通的大人那样，每天都拼尽全力，去和原本就艰辛的生活对抗。

因此，我不需要有人在我耳边提醒我要换一种生活方式。更何况，旅行很好，但是它只是日常的另一种流动形式，它并不能改变一个人的人生。

勇敢的人先享受世界，而世界就在我们的胸口。

我在一场倾盆大雨中毕业，告诉自己要去做一个独立的、有担当的大人。

我不再假装拥有很多朋友

✿ 起司加白

孤独是一件很值得享受的事。

初三时，最好的朋友转学了，我不得不第一次面临"孤独"。周遭的同学三三两两相伴，只有我低头走在路上，我难过得快要窒息了。当时的中学是一所寄宿学校，我们每天过着宿舍、食堂、教室三点一线的生活，十分无趣。正是因为这种无趣，玩伴才显得格外重要。

独自走在路上，我总是偷偷看着别的女孩手挽着手，亲密无间。我像个小偷，窃取着她们之间的欢快氛围。食堂的桌椅两两相对，为了不让自己显得形单影只，我甚至冒着被老师扣分的风险，偷偷把饭带回宿舍吃。

那时的我太年幼，学不会享受独处，做不到感谢孤独，几乎要被孤独压垮。我越来越讨厌体育课，害怕体育老师宣布"自由活动"。我受不了自己一个人坐在操场中央，远远地注视着别人围在一起，好似被全世界抛弃。

于是，我迫切地想加入一些小团体，以便交到朋友。从前的课间，我都会捧着书去找老师问问题。如今不同了，我绞尽脑汁地加入别的同学聊八卦、追逐打闹的阵营。我甚至为了处理好与同学的关系，利用自己课代表的身份之便，包庇没有按时完成作业的同学。

考数学前，身旁的男生跟我打招呼："让我抄一下选择题的答案。"我一时竟不敢拒绝，心想：如果我拒绝了他，考完试他会不会到处说我小气？会不会跟大家说不要和我一起玩儿？就让他抄个选择题，其实也没什么吧？我的心怦怦直跳，手不停地捏自己的衣角，手心的汗不断地往外冒。最后，我将选择题的答案写在橡皮上，自以为隐蔽，将橡皮丢给他。橡皮被丢出去的那一刻，我脑海中紧绷的弦突然断了，一个声音嗡嗡作响——完了！

我努力盯着试卷，可试卷上的题都咧开了嘴，它们吵得不可开交，竟一起嘲笑我。手心渗出的汗令我握不住笔，而方才还清晰的解题思路居然四下乱窜。我心虚地回头看，不料正巧与监考老师对视。我的心瞬间沉到了海底。当监考老师捡起橡皮时，我竟然有种解脱的释然。最后，老师将我训斥一番，给了我考试成绩作废的处罚。

第二天，数学老师把我叫去了办公室。我忐忑不安，可预料中的斥责并没有降临在我身上。对于作弊，她只字未提，这反而让我更加心虚难过。我回到教室，这片小小空间里的空气仿佛被抽干，我趴在闷热的角落，将自己封闭了起来。

广播里播放着不知哪位同学点的歌，歌词写满了少年的心事。我想抬起头来透透气，却一眼看到了叶子。在同学们眼中，叶子是个"脾气很古怪"的人。她成绩优异，按照常理，学霸要想与人交朋友是很容易的，但她似乎没什么朋友。不过，对此她毫不在意，好像孤独是一件很值得享受的事。夏日天黑得晚，夕阳透过窗子给她的身影染了一层光，她一副"闲人勿扰"的姿态，在草稿纸上写写画画。我不忍心打扰她，悄悄地绕过她的位置，将后窗打开一半，探出头，目光贪婪地在一棵棵梧桐树之间徘徊。

忽然，我听见叶子说："小白，听说你很喜欢写小说。如果可以的话，能借给我看看吗？"我有些惊讶，却难掩脸上的喜悦。从没有人主动想要阅读我那些稚嫩的文字，我不免紧张起来，磕磕巴巴地说："我……我写得不好。"话虽这么说，但我还是快步跑到座位，将抽屉里的作文本拿给了她。她抱着我的本子歪着头笑道："我会小心保护它的，未来的大作家。"窗外的音乐戛然而止，她对我的影响却刚刚开始。

转机出现在又一次考试时。考前，我告诉自己不要再作弊了，可临近收卷，身后的男生仍发送着暗号。我假装听不到，趴在桌上将试卷死死捂住。考试结束后，他略带怒意地瞥了我一眼，我之前苦心结交的那些朋友，也随着他的离开离我而去。我又开始了形单影只的日子。

一天放学，我眼尖地捕捉到了人群中气定神闲的叶子。她总是捧着书，步调缓慢却坚定地走着自己的路。我快步跑上前去，忍不住问她："你一直都是一个人走吗？"她说："对啊，我的性格有些古怪，和大多数人合不来。从前我苦恼于人际交往，把自己搞得焦头烂额，后来静下心想想，实在是没有必要。"慢慢地，我竟和叶子成了朋友。高中之后，我们去了不同的学校，却也一直保持着书信联络，互相鼓励着走过了艰苦的高中生涯。

如今，我已经快要忘记与她谈话的细节了，但她与周遭同学泾渭分明的背影却时常出现在我的记忆中。这就如同：旁人皆种玫瑰，声称浪漫，为了能与他们交好，我铲除了正在种植的小麦，转而去种玫瑰。最后我失去了小麦，可贫瘠的土地也已长不出一朵像样的玫瑰。

叶子不同，她不随波逐流，不羡慕玫瑰的浪漫，只守护着独属于小麦的温暖。为了与人交好，我失去了某些东西。正是那些失去的东西，让我明白了孤独的可贵，懂得了"朋友"二字的分量。这或许就是成长的意义。

后来，我不再假装拥有很多朋友，不再小心翼翼地去讨好任何人。我转身回到自己的生活之中，收获了属于自己的友谊。

没有一种生活叫「最好的生活」

❋ 林一芙

只要你能对自己的生活负责任，它就是好的生活。

父亲的朋友在乡下买了一大片宅基地，建了一个八十平方米的玻璃房子外加二百平方米的葡萄园。我去看了几次，心生艳羡。

屋子冬暖夏凉，出门便是山水，耳闻莺歌虫鸣，颇有世外高人的风范。

居住其间，就能明白当年东坡先生所言："宁可食无肉，不可居无竹。"整个人都飘飘欲仙起来。

大家都开玩笑地说，这算是"农村包围城市"的最高境界了。

过了一阵子，别人又在酒桌上说起这事，那位前辈竟然忙不迭地倒起苦水来："哎，也不就那样吗？以前房东留下来的葡萄藤都蔫儿了，我们也不知道该怎么办，花草也侍弄不活；每周末开车回去一趟，房子都是空置着的，风吹雨淋玻璃都花了，往外看雾蒙蒙的一片。"

"原本想在远离喧嚣的地方让孩子成长，结果，周围的孩子都和她融不到一块儿去，女儿还是爱她带来的游戏和漫画，并不觉得这样自在的生活有多开心，反而成天嚷嚷着没有 Wi-Fi。"

"是不是选错了呢？"他搔着头问我们。

现在想想，其实生活在什么时候都没有错，只是我们常常把某一种生活想得太好了。

少年的时候总觉得好的生活就在不远处，只要披荆斩棘，越过重重关山，马上就能得见。

小时候不喜欢读书，父母就对我们说："考上大学就好了。"而真正到了大学，很多人都开始迷茫："难道这就是我苦读多年，所追求的生活吗？"

原来金榜题名只是帮你过滤掉了一小批人，该战斗的生活还是得战斗——甚至不能说是过滤，因为那一小批人，很可能成为你的老板。

前段时间，一部叫《小森林》的日剧火了。戏里的日本乡村，宁静安谧，近似阿宝色的森林里透着点点萤火。女主角缓缓行于田垄之上，勾起了无数人对乡村田

> 这欢喜不是
> 为了别人，而是
> 为了自己。欢喜
> 的是自己说走就
> 走的勇气。

园生活的向往。

但我看到了一条评论：

"如果女主角每天都像这样扛着锄头，日出而作，日落而息，为什么手上会没有老茧？"

是啊，倘若你执意要收获乡村盛景，且不谈内心是否丰盈，都还必须有一双拿锄头的手和一双常下地的脚。

这就是你为自己想要的生活付出的代价。

别神化任何一种生活，将它想象得独一无二。

你不是为了活成一个童话而存在的，头上的星光和脚下的泥土一起，筑成一个活生生的你。

只要你能对自己的生活负责任，它就是好的生活。

前一阵子正好听说婺源的油菜花开了，我就拽着朋友千里迢迢地去了油菜花田，结果被咬成一条都是花斑的腊肠，一路上奇痒难忍。

其实油菜花真的没有那么好看，我们到的时候，它们不知道是怎么了，打蔫儿着、垂头丧气着，好似在故意气我们，"你们想的倒是美，好吧，我偏偏要丑给你们看"。

可是那一天我们真的挺开心的。到达了曾经想去的远方，即使它没有想象中那么好，我们也心生欢喜。

这欢喜不是为了别人，而是为了自己。欢喜的是自己说走就走的勇气，欢喜的是一路上识人无数，欢喜的是我终于可以大声地反驳别人："那个地方根本没有这么好！"

小时候读过一篇童话。

一只小青蛙看远处的凹地闪闪发光，于是历经千难万险终于到达，却发现那只是霞光为它披上的金衣，近处一看，只是个破破烂烂的臭水沟子。

因为遥远，所以"另一种生活"总是璀璨闪亮着。

而我不想要摘遥远的星星，只想要尘世的幸福。

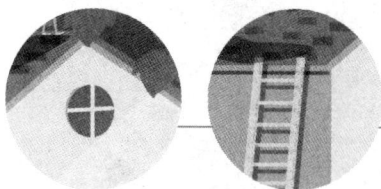

我 想 成 为 侠

❋ 王 潇

1

大学有点像"寺院"，是用来修炼的。有清规戒律，也有师徒同门；有点化开悟的时刻，也有许多记忆中深藏的往事。离开寺院，有的人看淡人生，有的人爱上虚名，还有的人想成为侠。我一直是想成为侠的。

我理想中的侠，是很厉害的人。首先当然要有好身手，专注练功十万小时，又出手克制，不计较一时一隅的输赢；其次骨骼清奇、长相凌厉，这样才能惊鸿一瞥被人记住；一生不羁爱自由，为了自由只好自立门派，内心热血悲悯；最重要的是寂寞苍凉，因为据说高手都寂寞。

按说，侠没有爸妈管着，但是我有。在上大学之前，我最大的愿望，就是在华灯初上、夜幕降临、晚风吹拂的时候，能在北京的大街上，最好是长安街上随便走一走。走一走只是形式，随便才是重点。

大学开学第一天，一个宿舍二十平方米，要安排住八个人，我只是兴奋，并不觉得挤。八个人里算上我先到了七个，来自祖国各地，平均一个人一对父母跟着，

嘘寒问暖，依依不舍。我爸妈也跟着我，东西放下，铺好床，好像除了"好好学习""注意安全"，也没什么需要交代的了。毕竟家就在北京，到周末就回去。终于，我爸妈转身走了。

在我爸妈转身的刹那，我感到巨大的喜悦。过去我被管制在一个硬盒子里，但他们转身的那一刻，盒子的四壁向外倒塌了，平平地向四面延伸展开，外面是整个世界！接下来到周末之前，每一天的二十四小时竟然都是我自己的，穿什么、吃什么、去哪里、几点睡，竟然都是我自己决定的。

在宿舍楼下，我遇到了几个激动的新同学，他们决定出发去看看天安门，我跟着这个亢奋的队伍出发了。一个同学甚至背了吉他，沿路弹唱，这个现在看来很傻的情景当时令我快乐到眩晕。

2

第二天，全班集合，我发现我们班有很多好看的人。我上的是北京广播学院（现在叫中国传媒大学）播音系。人的脸有光环效应，脸好看，就显得比较厉害。我们

我现在还不是侠，我还需要
十万小时练功。

班的同学，几乎是一个省才选出一两个，
个个都很厉害。全班集合结束后我回到宿
舍，发现八个人里的最后一个也到了。这
人的床铺在宿舍对着门靠窗的右下方，我
先逆光看见一双大长腿伸出床铺搭着，这
人仰身坐起来，我又逆光看见一大把黑头
发，哗啦垂下来，发丝边缘带着下午太阳
的金边。脸、腿和胳膊，真就是一整套的，
在大街上走一年也看不见这样一个人。漆
黑的眼睛，上嘴唇自然翘起来，两颊还有
点肉肉的，看她像看少女芭蕾明信片似的。
然后她就站起来了，她的个子得有一米七，
其中一米二都是腿。

侠应该长这样，不是长我这样的！我
心里破碎了一下。有的人只是样貌就已经
很厉害了，那么我的武功是不是要高得很
明显才算数？我因此开始思考成为一个很
厉害的侠的其他途径。

大概从大二起，宿舍就有人开始去节目
组兼职实习出镜。那几年没互联网视频网站，
露脸全在电视，红与不红，很可能就是一个
节目一个月的事。当然世界本来就是这样，
只是这个工种会让这些来得更快。

机遇有它自己的逻辑。我的宿舍最先
红的不是"少女芭蕾明信片"，而是我的对
床，另一个爱早起的短发姑娘。大二有天
夜里，"早起姑娘"下了节目，发现宿舍门
被反锁了。当我被吵架的声音惊醒时，矛
盾已经升级了，从两个人吵变成几个人交
叉吵。

我坐在上铺听了一会儿，发现还有牵
涉到我的环节，想辩白回嘴，又忍住了。
当我想成为一个很厉害的侠以后，获得了
一个思考的新方法。我会想，我想成为的
那个人，那个很厉害的侠，她会怎么办，
她会辩白回嘴参与吵架吗？这宿舍也就
二十平方米，但侠想去的世界该多大，侠
想做的事该多大？无论多大，肯定不是这
么大，侠不会计较一时一隅的输赢，不屑
于争执。况且侠的输赢不是叉腰对骂，而
是出手就有，心服口服。毕竟我现在还不
是侠，我还需要十万小时练功。

3

在大学里，我和我想成为的侠每天既
是在一起的，又是分离的，但在我没成为

她之前，我都会努力用她的眼睛和方式想事情。她提醒我别忘了我想去的地方，别忘了我想成为很厉害的人！

在我的大学寺院，除了偶尔克服嫉妒等人性，也有很多诗意的时刻，主要体现在写诗上。十一点熄灯以后，点上蜡烛，意境就降临了。

我和"少女芭蕾明信片"的对床姑娘是写诗良伴。先是各写各的，各自朗读；后来觉得不方便切磋，又改成命题写诗，这样就能比较，比较就能提升。在创作高峰期，我们写完就高声朗诵，并调整嗓音和肢体动作，假想已与万千观众接通了精神花园。宿舍其他六位同学则从好奇惊诧适应为泰然自若。

关于播音专业学到的技巧，日常中反而不大切磋，只重复玩一类声音游戏。当有人打电话到宿舍，无论谁接起，都会用极标准的配音女声说："您好，这里是北京广播学院 8 号楼 234 宿舍，请接着拨分机号，查分机号请拨 0。"过几秒，会听见对方真的犹犹豫豫地摁下号码键。然后宿舍里其余的人会爆发一阵大笑。在大学寺院，声音是我们研习的刀法，因此不宜显山露水，不宜人前切磋。

在大学，一直困扰我的问题，是成为侠以后的活法。从我所在的专业出发，这个问题很快就具体到：侠要不要红？红了要不要卖艺？能不能忍受成为门客？临近毕业，我越想越多，毕竟侠要出江湖了。

有一天，我和"少女芭蕾明信片"同时接到一份广告试镜邀请。在学校门口接我们的，是一辆极长的轿车。车里一共坐了八个女生，都拿着试镜邀请。车到了一个外表普通的白房子前停下，两个中年男人迎接我们，分发了广告脚本。自我介绍环节结束后，从客厅推门，大家跨进餐厅，十人坐在大圆桌前，红白葡萄酒，频频举杯。喝得有点眩晕，再从餐厅推门，鱼贯跨进 KTV 包厢，八人均被要求唱歌，又被邀请跳舞。

因为迟迟没有安排试镜，我感到很困惑，稍加联想，我好像懂了，知道我们被骗了，站在正在唱跳的女生中间拉住她们，"我们要回家！"我冲两个男人喊道。那晚，慌张的少侠逃遁在夜色中。至于那个脚本描述的广告，我后来真的在电视上见到了，女主角是巩俐。脚本是真的，试镜是假的。

就是这样，侠出江湖，会遇到很多考验与危险。

在大学寺院的最后一年，我和宿舍写诗良伴开始到处试镜找工作，不再写诗。毕业日，我们决定互赠最后一首诗，她让我命题，我的命题是《一个侠》，然后我写了一首诗：

一个侠，遇到了另一个侠

深夜喝酒，黎明别过

相约在下一个驿站

再相遇时

也不必问

去过了哪里

杀了多少人

我的大学就是这样，有点像寺院。在正式踏入江湖之前，我一直都是想成为一个侠的。

我一点点明白要先学会接受和喜欢自己，才能让真正的幸福融入生活。

❀ 艾 润

1

去看牙医，在诊所里碰到一个八九岁的小姑娘，牙齿是常见的地包天。

医生在给她的妈妈耐心地讲解诊疗方案，要求尽快治疗，否则以后会对容貌有影响，从我的位置刚好能看到小姑娘的神情，眼睛里蓄满了泪水。

妈妈发现了女儿的不对劲，有点不明所以，埋怨道："都给你花钱做矫正了，你还委屈什么呀，拉着脸。"

小姑娘瘪了瘪嘴，努力控制着把眼泪收回去。

有点心疼。小孩子在依托父母的年代，大多没有话语权。能想象到这个小姑娘在学校里可能因为地包天受到过同学的嘲笑，可每次回家告诉父母时却不被当回事。如今想要表达自己的委屈，却不被准许。

强迫自己的孩子收起坏情绪，必须快乐，咧嘴笑。有些父母确实会这么做。孩子在这样的家庭环境里长大，就会越来越在意别人的看法，小心翼翼地保持乐观，满足外界的期待以求得到好的评价。

不必满足所有人的期待，别太在乎别人的喜欢

②

活在别人期待里的人，自我认同感总是很低。讨巧卖乖，努力扮演招人喜欢的角色，自己的需求总是后置。倘若有人表达了对自己的不喜欢，就会使劲反省自己到底哪里做错了。

我曾经就是这样的人。

在我的世界里，父母在前面，恋人在前面，朋友在前面。我自己在所有人的最后端斟酌徘徊。

30岁生日那天，跟家人视频，其间我爸插播了一句感慨说，你和你弟都太不努力了。心下觉得委屈，草草说了几句话，挂断了视频。我想告诉我爸："你怎么就不能接受你的孩子就是普通人呢。"

可我不敢开口，怕语言冒犯伤害到亲人，令他们不开心。

我把从小区便利店里买的小蛋糕拿出来，插上蜡烛，点燃，许愿，大口大口吃着蛋糕，放声大哭。

哭着哭着，脑海里闪过一个念头，这么大的哭声，会不会吵到邻居。这个念头产生的瞬间，我突然很厌恶这样的自己。

永远在顾及别人的看法。任何时候，都要先考虑做某件事会不会打扰别人，会不会不礼貌。我能轻松捕捉到别人不经意间的神情变化，继而心底百转千回，我刚刚是否哪句话说得不够得体，让对方不开心了。

永远讨好，永远礼貌，这就是我。前三十年的人生里，我听到亲戚朋友对我最多的评价就是"那个懂事听话的女孩"。

可没有人知道懂事听话是我最不想得到的评价。

③

第一次试图从这种评价体系里出逃，是一个长辈给我介绍了一个相亲对象，对方的要求是乖巧懂事听话、工作体面有文化。

长辈说："看到这个条件，我就想到了你。你好好接触，这个男孩家境不错。"

可这句像女训一样的条件呈现在面前时，我已经没有了接触的欲望。

我加了他的微信，打了招呼，直接说我不乖巧懂事，我们不合适，而后删除。

没有再像以前那样，即便不喜欢，也礼貌性地聊天，为了不辜负长辈的心意，想好托词再拒绝。

我发现拒绝后也没有引发什么大事件，大不了就是长辈不再给我介绍相亲对象了。正合我意。

我以前总是像个期待得到红花的小朋友一样，微笑着接受亲戚朋友的美意。在我接受的教育里，小孩子不可以反抗大人，女孩子尤其要乖巧听话，要遵从大人的意志，自己的主见要靠后。得了奖状会被夸奖，成绩落后就会得到批评。我的价值仿佛只有在被夸奖时才能呈现。当我做得不好，我就是不优秀的孩子，就要被拿去跟"别人家的孩子"对比。

我只好不断地证明自己，努力学习拿奖状。但我发现有些事情我就是做不好，有的孩子机灵聪明，有的孩子才气逼人，我就是比不过人家，这时候我就会沮丧，也会恐惧没有价值的自己是不是会被抛弃。

在各种悲喜交集处，我长成了委曲求全的人。

一个委曲求全的人，很难被人喜欢。

朋友赠我礼物，我第一反应不是欣喜，而是判断礼物的价值，想着怎么回礼。和恋人相处时，我会自我贬低以期得到对方的爱意。我不会拒绝别人，任何一个需要说"不"的时刻，我都不知道怎么解决。有人托我办事，我做不到时，会想办法再托人帮忙。朋友很惊讶地质问我："你在做什么啊，拒绝就行了啊。"

我被自己从小到大养成的道德感和价值体系绑架了，持续地为满足别人的期待而活着。总是在共情别人，忽略自己的需求。

④

后来我认识了一些生命力旺盛的朋友。她们用自己的生活和观点一点点为我打开了另一个世界的窗口，我逐渐明白在赞美和贬斥里长大的孩子之间的区别。

我的大学同学醒醒的父母是老师，她的爸妈对她讲得最多的话是："我女儿真棒。"大学期间，我经常看到她在宿舍里跟父母打电话撒娇。那种亲密的感情纽带使得她的情感非常充沛。她会觉得自己理应被爱。她结婚时，我去参加婚礼，倾听了她爸爸在婚礼上的致辞。她的爸爸说："我女儿如此优秀，希望你们婚后，她能越来

越优秀。"从醒醒身上，我学到了恋爱里应该不卑不亢。

我曾经的合租室友，她难过时只要一通电话，父母就会跑来看她。为她做好一日三餐，甚至会在单元楼门口接她下班。在爱里长大的孩子，自小就明白父母是自己的退路，脸上总是带着一副被世界善待的样子。从这个室友身上，我明白了人可以不讨好、不迁就、不勉强自己。

还有身边的另一个朋友，她说虽然从小到大家里物质条件并不算充裕，但她的母亲会尽力满足她的需求。青春期的时候满脸长痘，身体发胖，可母亲依旧骄傲地说："我闺女真好看。"她自信阳光，对自己保持充沛的爱意。从她身上，我学到了先爱自己，再爱其他人。

逐步学习，建造新的价值观。我一点点明白要先学会接受和喜欢自己，才能让真正的幸福融入生活。

⑤

"本自具足，自觉矜贵"是我今年新学会的。以前觉得别人不喜欢我，是我不值得被爱。现在深刻理解了"爱自己才是终身浪漫的开始"这句话的意义。不再渴望满足别人的期待，不再被别人的评价标准裹挟。也不要用自己的评价标准要求别人。我们都不必活成别人想象中的样子。

真实的自己也许不那么可爱，有溃烂的伤口，有扎手的毛刺，有不好看的外壳，但我不遮掩就不用寻找借口来伪装。